Dalí

Dalí

El triangle de l'Empordà

fotografies de Jordi Puig amb textos de Sebastià Roig

TRIANGLE POSTALS

EDITA
FUNDACIÓ GALA-SALVADOR DALÍ
TRIANGLE POSTALS, S.L.

DIRECCIÓ
Jordi Puig

DIRECCIÓ ARTÍSTICA
Ricard Pla

COORDINACIÓ EDITORIAL
Jordi Falgàs, Fundació Gala-Salvador Dalí
Jaume Serrat, Triangle Postals

TEXT
© Sebastià Roig, 2003

FOTOGRAFIES
© Jordi Puig, 2003

Pàg. 8, Xavier Miserachs
© Miserachs / Fundació Gala-Salvador Dalí, 2003
Pàg. 13, © Batlles-Compte
Pàg. 32, Melitó Casals "Meli"
© Melitó Casals / Fundació Gala-Salvador Dalí, 2003
Pàg. 100, Francesc Català-Roca
© Català-Roca / Fundació Gala-Salvador Dalí, 2003
Pàg. 186, Man Ray
© Man Ray Trust, VEGAP, Menorca, 2003
Pàgs. 1, 2, 3, 4, 5, 9, 33, 101, 187 i 240
Detalls d'estudios caligráficos de Salvador Dalí, © Fundació Gala-Salvador Dalí.

OBRES DE SALVADOR DALÍ
© Salvador Dalí, Fundació Gala-Salvador Dalí, VEGAP, Figueres, 2003

FOTOS D'ARXIU
Centre d'Estudis Dalinians, Fundació Gala-Salvador Dalí

POSTALS D'ÉPOCA
Col·lecció Josep M. Joan i Rosa

PRODUCCIÓ
Imma Planas, Paz Marrodán

DISSENY GRÀFIC
Joan Barjau

RETOC DIGITAL
Pere Vivas

MAQUETACIÓ
Mercè Camerino, Antonio G. Funes,

FOTOMECÀNICA
Tecnoart

IMPRESSIÓ
NG Nivell Gràfic

DIPÒSIT LEGAL
B: 34.779-2003

ISBN
84-8478-109-7

© TRIANGLE POSTALS S.L.
Sant Lluís, Menorca
Tel. +34 971 15 04 51
Fax +34 971 15 18 36
www.trianglepostals.com

EL NOSTRE AGRAÏMENT A
Montse Aguer, Elisenda Aragonès, Jordi Artigas, Georgina Berini, Francesc Campi, Anna Capella, Joaquim Chicot, Irene Civil, Núria Ferrer, Valentí Garcia, Josep M. Guillamet, Yvonne Heinert, Josep M. Joan i Rosa, Paquita Llorens, Rosa M. Maurel, Ferran Ortega, Imma Parada, Antoni Pitxot, Joana Planet, Josep Playà, Carme Ruiz, Miquel Sànchez, Joan Manuel Sevillano Campalans, Biblioteca Fages de Climent.

DALÍ 2004

Índex

Pa sobre el cap del fill pródig, 1936. Col·lecció particular

La personalitat i l'obra de Salvador Dalí no es poden entendre sense conèixer els tres centres dalinians per antonomàsia. A la casa de Portlligat, el primer, hi ha l'essència: Dalí hi viu, hi crea, s'hi transforma, amarat per l'entorn de paisatge, llum i aïllament. Aquest entorn el condiciona, l'influència, l'inspira. M'agradaria destacar-ne el taller, l'àmbit més important de la casa: el lloc d'inspiració, refugi, concentració i treball, i situat allà on es pot captar la millor llum possible. Dalí explica en relació a Portlligat: "Fou allí on vaig aprendre d'empobrir-me, de limitar i llimar el meu pensament perquè adquirís l'eficàcia d'una destral, on la sang tenia gust de sang i la mel tenia gust de mel. Una vida que era dura, sense metàfora ni vi, una vida amb la llum de l'eternitat".

El castell de Púbol, la fortalesa i el refugi per a Gala, la dona visible, és més auster. No hi ha acumulacions, és més sever, misteriós, ens intriga. Hi descobrim un Dalí madur que ret homenatge a Gala, la seva musa, i li concedeix un espai on pugui ser lliure. Per Dalí, serà el lloc de la reflexió, del pensament sobre la malaltia i la mort, no obstant això, el castell és lluminós, ple de simbologies i petites ironies que ens parlen d'una parella singular (com que a Gala no li agraden els radiadors, els amaga, i Dalí pinta un *trompe-l'oeil* de, precisament, radiadors!)

El Teatre-Museu Dalí de Figueres, inaugurat el 28 de setembre de 1974, és l'acumulació, la plenitud, el tot. És el teatre de la memòria, ple d'al·lusions a la vida i l'obra de l'artista ultralocal i universal alhora. Com expressa el mateix artista: "El Museu no s'ha de considerar com un museu, és un objecte surrealista gegantí, tot en ell és coherent, no hi ha res que s'escapi de les xarxes del meu enteniment".

El pati de butaques de l'antic teatre, on hi ha instal·lat el famós Cadillac-Taxi plujós, és una invitació a una festa dionisíaca: la nostra visita al Museu. En aquest centre hi trobem el Dalí primerenc, que cerca el seu propi camí, que experimenta amb diversos estils: noucentisme, impressionisme, futurisme, puntillisme, cubisme... i el Dalí surrealista de *L'ocell putrefacte*, *L'espectre del sex-appeal* o *El nas de Napoleó transformat en una dona encinta que passeja la seva ombra malencònica entre les ruïnes originals*.

Hi descobrim un Dalí escenogràfic, místic, provocador, apassionat per la ciència i, també ben present, el Dalí de la darrera època i les seves últimes teles: *Màrtir*, *Sense títol. Cua d'oreneta i violoncel* o altres on retorna a les referències als seus estimats mestres clàssics: Michelangelo i Velázquez.

Portlligat, Púbol i Figueres, tres arestes d'una idiosincràsia creativa, que ens apropen, ens mostren i ens expliquen un artista de renom internacional amb fortes arrels locals. Aquest llibre ens acosta al pintor i ens guia per uns itineraris essencials per entendre el conjunt de l'obra de Dalí. La llum, el color, la ironia, la gent... l'Empordà, l'acompanyen i ens acompanyen en aquest fascinant viatge.

MONTSE AGUER TEIXIDOR
Directora del Centre d'Estudis Dalinians

El país de Dalí

Cadaqués, oasi d'artistes

La família Dalí al Llaner

L'Empordà, terra de genis?

L'anomenat triangle dalinià és la figura geomètrica que apareix, sobre un mapa de Catalunya, si unim amb línies rectes les localitats de Púbol, Cadaqués i Figueres. La figura s'assenta, sense cap mena de discussió possible, sobre la geografia empordanesa, una terra privilegiada que, si haguessim de creure el poeta Joan Maragall, conté la major densitat d'essències catalanes del món. L'any 1906, l'escriptor va manifestar, de manera hiperbòlica, la fascinació que sentia per aquest tros de país, que aleshores era sinònim d'idearis republicans, federals i amor per la llibertat. Tres condiments que no eren usuals a l'Espanya d´aquells temps.

Al marge del seu ferment ideològic degut al veïnatge amb França, d'on s'havien importat les sements il·lustrades i socialistes–, la regió, enclavada al nordest de la península ibèrica, era un verger esplendorós i bigarrat de meravelles naturals. La febrada excursionista de l'època va propiciar el redescobriment d'aquesta plana fèrtil, agradosa i protegida per un poderós amfiteatre muntanyenc. Els excursionistes se'n feien creus: al nord, es trobaven les crestes del Pirineu oriental, coronat pel mític Canigó; a l'oest, les serres esquerpes del Bassegoda i la Mare de Déu del Mont; i al sud, el massís del Montgrí, amb el seu perfil de bisbe mort, que compartimenta el territori en dues comarques: l'Alt Empordà, que es desplega des del castell fins al Pirineu, i el Baix Empordà, cap al sud, de formes més suaus i ondulades. A redòs d'aquests perfils muntanyencs, el mosaic de la plana empordanesa s'estenia fins al mar, conformant un microcosmos policrom i lluminós, ple de campanars vells, palleres i poblets amb carrers costeruts, per on transitaven les tartanes i els ramats aixecant nuvolades de pols. Els viatgers s'extasiaven davant aquesta petita mesopotàmia, festonejada pel verd esclatant dels horts, les arbredes i les taques humides dels aiguamolls.

És lògic que tanta bellesa concentrada embriagués Joan Maragall. Com ell, molts altres cors sensibles van caure retuts davant la magnificència d'aquests paratges: els versos de Jacint Verdaguer havien transformat el Canigó en un referent mitològic, i la prosa d'Eugeni d'Ors, el cappare del noucentisme, era a punt d'enlairar una peixatera de Cadaqués, la Lídia, a la categoria de símbol de la dona mediterrània.

Sardanes a Figueres

Dalí i companys d'Institut

Però les excel·lències paisatgístiques no eren l'únic que trasbalsava els visitants. L'element més característic del país, la tramuntana, els deixava sense adjectius. Aquest vent huracanat és fruit del xoc entre els corrents atmosfèrics procedents de l'Atlàntic i les masses d'aire que sobrevolen el golf de Lleó. La col·lisió produeix una rufagada furibunda, capaç d'arribar a velocitats superiors als 200 km/h, que udola i xiula com les fúries de l'avern. La tramuntana esparreca nuvolades gegantines, les desfà i esbrava qualsevol rastre d'humitat. No perdona res ni ningú. Ho escombra tot i, si li plau, pot fer descarrilar un tren de mercaderies. Cent anys enrera, els viatjants que s'hostatjaven a l'Hotel Comerç, de Figueres, rebien dos totxos pels dies ventosos. Si volien caminar pels carrers sense problemes, se n'havien de posar un a cada butxaca.

Tot i l'admiració que els forasters professaven al vent, els indígenes no eren del mateix parer: els cops d'aire malmenen les collites, impedeixen que els pescadors surtin a feinejar i, sobretot, són l'orígen de l'adjectiu "entramuntanats", una paraula que es penja a l'esquena de tots els empordanesos. Malgrat les connotacions positives del mot –en al·lusió a la desimboltura, la franquesa i l'extraversió dels nadius del país–, massa sovint s'usa per connotar una punta de bogeria o una alienació mental perpètua. Salvador Dalí, de fet, va contribuir a estendre el tòpic a còpia de repetir: "la tramuntana és la responsable que tots els que naixem i vivim a l'Empordà estiguem completament bojos." Gràcies a aquest estirabot, la gent va deduir que la contrada era un niu de personatges il·luminats i tocats de l'ala. Una fàbrica de genis estrafolaris.

És cert que, com a tot arreu, aquí han existit persones que no encaixaven amb els motlles més ortodoxos. En poden ser bons exemples l'inventor Narcís Monturiol –creador del submarí Ictineu–; el poeta Carles Fages de Climent –un dandi que disparava epigrames enverinats–; el farmacèutic Alexandre Deulofeu –descobridor dels suposats cicles matemàtics de la història universal–, o l'escultor Artur Novoa –marbrista exquisit i fabricant de làpides funeràries–. Ara bé; cap d'ells va dur la seva extravagància fins als extrems superlatius de Salvador Dalí. L'home la va exagerar habilment, fins a convertir-la en una part substancial de l'attrezzo amb què es guanyava la vida.

Dalí, un estudiant rebel

La Plaça de la Palmera

Cal matisar, doncs, la suposada influència del vent sobre el caràcter de les persones. Si parlem, en canvi, de la petjada de la tramuntana sobre el paisatge, aquí si que hem d'admetre que és indiscutible. Sota les ràfegues tumultuoses d'aire, l'elegància vertical dels xiprers es doblega com una goma elàstica. Oliveres i pins creixen torts i escabellats, recargolant les branques amb una angoixa gairebé barroca. Enmig de brams furibunds esculpeix les roques i les estribacions geològiques del costaner, amb l'ajut de la sal roent que escupen les ones. Però on l'acció atmosfèrica es fa més perceptible, més torbadora, és en la lluminositat especial que pren el cel durant les tramuntanades. El firmament, net i esbatanat, es torna d'un blau intens, tant que pot ferir els ulls. L'atzur s'estén per damunt la terra amb una voracitat inacabable, i no s'atura fins més enllà de la ratlla on s'acaba el mar. Sota aquest celatge, els contorns dels objectes llunyans es tornen durs, ferms i precisos, igual que en un diorama o un film en tres dimensions. Un halo resplendent ressegueix els angles dels teulats, els geps de les muntanyes, les taques de la vegetació. Tot adquireix un rerefons anòmal, rar, metafísic.

Pintar l'atmosfera nítida que crea la tramuntana no és gens fàcil. Dalí, sens dubte, n'ha estat l'intèrpret més universal; però no ens podem oblidar dels seus companys de pinzell Ramon Reig i Evarist Vallés. Tots tres han aconseguit fixar sobre els llenços, amb una naturalitat espaordidora, la magnitud espiritual d'aquest microcosmos mediterrani.

Si aquest rerefons, de la mà de Dalí, ha captivat públics dels cinc continents, alguna cosa especial ha de tenir. L'artista va saber capturar els trets identificatius d'aquest racó de món, i mostrar-nos-els des d'un punt de vista insòlit. Però no ens fessim il·lusions: res d'això no hauria estat possible si l'arrelament del pintor al seu paisatge no hagués estat sincer, extrem i etern. En el fons, la passió de Dalí per la seva terra no era gaire diferent de la que pot sentir, posem per cas, un pagès, un pescador o la mainada que juga a la plaça d'un poble. I cal agrair-li que, durant el seu exili cap a les Europes i les Amèriques, s'endugués tot aquest imaginari sentimental i casolà i, en una trapelleria magnífica, el fés ressorgir darrera les siluetes triomfants de magnats, industrials i milionaris ociosos. Nosaltres, a diferència d'ells, sempre podrem gaudir del model original.

Dalí i Lorca

El popular carrer Girona

Una vila en expansió

A principis del segle passat, el tràfec econòmic, cultural i mercantil de l'Alt Empordà orbitava al voltant de Figueres, la seva capital. Aquest estatus es va mantenir gairebé intacte fins la dècada dels 50, quan l'arribada cada cop més nombrosa de turistes va transformar els costums socials i les infrastructures del país. Però l'any 1900, Figueres era l'únic poble gran de la comarca. Tenia cap a onze mil habitants –gairebé el mateix número que Girona–, i es nodria de la producció agrícola i ramadera dels seus rodals.

Els figuerencs es diferenciaven un pèl dels catalans a l'ús. Almenys Josep Pla, en un article de l'any 27 al diari *La Nau*, ens els definia així: "Són un poble generós, entusiasta, enamorat dels espectacles, tolerant, no pas massa interessat a estalviar. Els agrada de cridar. El figuerenc s'exalta, fa anar molt les mans, té una cara movible, animada, necessita carrers amples per caminar." Per a discutir, exaltar-se o esplaiar-se, cada sector social comptava amb un local propi: els treballadors anaven a l'Erato, els botiguers al Casino Menestral, i els senyors a l'Sport. El Liceo Figuerense era el club més selecte de la població. Aquest era reservat als petits aristòcrates, la gent amb carrera universitària i els militars d'alta graduació.

La presència de l'estament militar estava arrelada a la localitat des de mitjans del segle XVIII, quan es va construir el Castell de Sant Ferran sobre el gep de la Muntanyeta. La fortalesa, de planta pentagonal irregular, ocupava més de 32 hectàrees de superfície i un perímetre exterior de 3.120 metres. El seu cos central podia acollir un exèrcit de sis mil homes. Tot i la seva grandiloqüència, la població s'havia habituat a l'existència d'aquell gegant inútil. Els diumenges assolellats, moltes famílies resseguien la pujada costeruda que menava fins a la garita de l'entrada, per disfrutar d'una visió majestuosa de la plana. Des d'allí, albiraven el formiguer de poblets i arbredes que s'escampa davant la badia de Roses, entre el final de la Serra de Rodes i la cua del Montgrí.

En aquells dies llunyans, Figueres encara no s'havia desfet dels llaços que la vinculaven a l'economia agrícola i els costums rurals; a mesura que anés remuntant el segle, però, els aniria deixant enrera per prendre uns tons i una sensibilitat més urbana. Anna Maria Dalí, a *Noves Imatges de*

El centre de la vida social

Salvador i Anna Maria

Salvador Dalí, ens il·lustra la tensió entre aquests dos pols d'una manera immillorable: "Figueres, l'any 1916, era una ciutat oberta, lluminosa, liberal, extravertida i senyorívola, amb una inquietud intel·lectual que l'ennoblia, si bé cada dijous amb la gran gatzara del mercat es tornava pagesa. Els carrers i les places es convertien en botigues a l'aire lliure per a mercadejar-hi l'aviram, els cereals, la verdura, el bestiar. Tot esdevenia color i bellugadissa de barretines morades i vermelles que li donaven vida, perquè els pagesos de tota la comarca hi acudien amb l'aldarull i el tràfec que és de suposar. Aldarull i tràfec que contrastava amb l'ambient dels diumenges, quan els figuerencs, elegantment vestits, es reunien a l'ombra dels plàtans de la Rambla per escoltar la música que tocava el regiment de San Quintín que interpretava valsos de Strauss i de Franz Lehar, mentre els militars d'Estat Major, guarnits amb bandes i faixes de seda de color blau cel, amb el pit ple de condecoracions daurades, galantejaven les noies. Era aleshores que Figueres semblava una petita ciutat d'opereta."

La banda sonora dels diumenges, però, no es limitava als valsos. Des del segle XIX, gràcies al músic i compositor Pep Ventura, creador de la sardana moderna, la localitat s'havia convertit en el bressol d'aquesta bella 'dansa federal'. Les cobles empordaneses, cansades dels udols i els esgarips del vent, havien decidit contrarestar-los amb el so dolç i penetrant de la tenora. Els dies de festa, quan els pagesos i els vilatans s'engalanaven, les ballades de sardanes no hi faltaven mai. De vegades, les interpretava la banda militar de San Quintín, sota la direcció del sergent i el mestre Llovet. La primavera de l'any 25, quan el poeta Federico García Lorca visités els Dalí, aquests li ofrenarien un recital de sardanes com a acte d'amistat eterna.

La música, l'aldarull i la gatzara també esclataven cada primer de maig, quan la població s'abocava a les Fires i Festes de la Santa Creu, que representaven un punt i a part en la rutina dels figuerencs. Una multitud impressionant arribava de tots els punts de la comarca. Els cafès i les fondes no donaven l'abast i els millors artistes actuaven als teatres. El firal dels burros era un trànsit continu de bestiar i tartanes, mentre els mercats de fruites, amb la seva simfonia d'aromes i colors vibrants, ocupaven les placetes. Els firaires s'instal·laven, amb les barraques i els cava-

El col·legi que Dalí pintava des de casa seva

Passant l'estiu a Cadaqués

llets, a l'actual Plaça de la Palmera, des d'on brollava la flaire dolça dels xurros calents. De vegades, sobre el brogit incessant de les atraccions, es distingia la cridòria de xarlatans bigotuts que, enfilats sobre una taula, anunciaven ungüents de serp africana.

Dalí, com és lògic, va quedar seduït per aquest panorama enlluernador. Les fires, segons creia, aportaven "un sabor hel·lènic" als carrers. No és rar que, de ben jove, aquestes festes multitudinàries estimulessin la seva creativitat. L'artista va dissenyar cartells, va organitzar exposicions i va deixar testimoni d'aquests dies joiosos en quadres alegres, desimbolts i un pèl naïfs. El seu ull va captar l'animació agitada al voltant de les carpes de circ, les festes populars dels afores –entre atzavares, amb globus que s'enlairen cap als núvols–, i l'esclat nocturn, màgic i llampant dels focs d'artifici.

Hi haguessin fires o no, el pinyol indiscutible de la vida social figuerenca era la Rambla, el cèntric passeig flanquejat per dues fileres de plàtans. L'avinguda rectangular, enquadrada per dues placetes i envoltada d'un cinturó de cafès, restaurants i llibreries, era un lloc idoni per activar les cèl·lules grises. Ens ho demostra el fet que Dalí, proveït de gin-fizz, s'instal·lés a les taules del cafè Emporium per escriure-hi el guió d'*Un chien andalou*.

Una concurrència nodrida –avui impensable– circulava amunt i avall del passeig sense descans. Aquestes ramblejades comptaven amb uns horaris i uns codis de conducta rígids per a cada classe social. Jaume Miravitlles, en el recull *Més gent que he conegut*, evoca així aquestes normes: "En els moments de transició, quan dues o més classes convivien a la Rambla, s'establia, voluntàriament, una separació geogràfica tan ben definida com en el Parlament d'una democràcia moderna: dreta, centre i esquerra, amb zones d'espai perfectament delimitades. Si per casualitat hom anava a la Rambla a una hora que no era la "seva" o traspassava les fronteres de la seva pròpia zona, es trobava en un món tan desconegut com la Lluna o Venus". Entre aquesta gentada no hi faltaven mai els tipus populars: els gitanets cirabotes, la Manciana –una castanyera vetusta–, el sabater d'Ordis –l'home que dirigia amb una batuta de canya els girs de la tramuntana–, o el Poll i la Puça –dos concertistes de manubri que el pintor, amb una alenada nostàlgica, acabaria homenatjant en el seu Teatre-Museu.

Poemes a la vora del mar

Homes de mar solcant la badia

L'activitat humana a la Rambla era imparable a qualsevol hora, fins i tot quan la lluna treia el cap sobre els plàtans. Durant la I Guerra Mundial, una facció de francòfils, comandada per l'intel·lectual Gabriel Alomar, acostumava a anar-hi a discutir a les tantes de la matinada. Les seves discussions eren tan sorolloses, que els veïns sortien a la finestra en camisa i els pregaven que callessin.

La Rambla va guanyar en distinció a partir de 1918, quan s'hi va executar una reforma implacable, sota la direcció de l'arquitecte Ricard Giralt Casadesús. L'avinguda es va desfer d'una illa de cases, a la placeta alta; se li van allargar els extrems i s'hi van afegir els bordons de pedra, les escalinates, els parterres i l'enllumenat. Per acabar d'ennoblir el conjunt, es va erigir un monument a Narcís Monturiol, inventor i fill predilecte de la vila, coronat per una magnífica escultura d'Enric Casanovas.

Un dels altres elements característics del passeig era el gran rellotge circular, visible a la façana de l'avui desapareguda rellotgeria Soler. Seria molt agosarat dir que aquesta esfera enorme, que s'il·luminava de nit, fos l'origen dels famosos rellotges tous. Però, l'any 20, el pintor es retrata als diaris de joventut llegint a la Rambla, mentre "les broques del rellotge van senyalant emmandrides el pas del temps". En el fons, un rellotge tou no deixa de ser un rellotge que s'estira, badalla i es torna flàccid, fastiguejat per la parsimònia amb què transcorren les hores.

Bromes al marge, val la pena destacar que Dalí llegís llibres en un espai a l'aire lliure, fet que es pot considerar un bon símptoma de l'efervescència cultural d'aleshores. Figueres, el 1918, havia posat la primera pedra de la futura Biblioteca Popular i, a part d'associacions vives i molt dinàmiques, comptava amb centres d'ensenyament molt prestigiosos. Un dels capdavanters era l'Institut, fundat el 1839, que comptava entre els seus docents amb figures com l'escriptor Gabriel Alomar o el pintor Juan Núñez. Aquest darrer tindria una influència decisiva sobre Dalí. De fet, les seves lliçons van formar vàries generacions de talents creatius. Les llavors conreades per Núñez s'exposen ara a les sales del Museu de l'Empordà. La seva visita és obligada per constatar que Dalí no va aparèixer com un cometa fulgurant i despistat, sinó que l'envoltava tota una constel·lació d'artistes.

El poblet de pescadors

El notari Salvador Dalí i Cusí va néixer a Cadaqués l'any 1872. Com si d'una herència inscrita a l'ADN es tractés, li va transmetre al seu fill la passió per aquell món de cases blanques, que toquen l'aigua. La felicitat del futur pintor consistia en perdre's per aquell laberint de carrers, que pugen i baixen, empedrats a rastell, vora la baluerna descomunal de l'església de Santa Maria. Si afegiu al conjunt un mar de color de plom i petits horts, puntejats d'ametllers florits i tarongers lluminosos, n'obtindreu "un paisatge etern i actual, però perfecte". Així, almenys, és tal i com el va definir el poeta Federico García Lorca.

La perfecció paisatgística de l'indret, de ben segur, estava relacionada amb el seu aïllament històric, ja que havia viscut al marge de la resta de la comarca isolat per la serra de Rodes. Aquesta barrera muntanyosa ateny el seu punt més àlgid en la corpulenta elevació del Pení, un puig de 613 metres. A l'altra banda d'aquesta muralla natural –darrera la qual desapareix el sol cada tarda–, els cadaquesencs havien desenvolupat uns costums propis, parlaven una variant singular del català i no es consideraven massa empordanesos. La idiosincràsia particular d'aquest microcosmos començaria a esquerdar-se el 1908, quan es va construir, al coll de Perafita, la carretera que connectava el poble i la plana. Malgrat la nova xarxa viària, baixar fins a Figueres continuaria sent una odissea: el trajecte en tartana durava de cinc a sis hores i, quan les pujades eren massa fortes, els passatgers baixaven del carro per alleugerir de pes les mules.

Fins a l'aparició de la carretera, els cadaquesencs havien sobreviscut gràcies a la seva flota mercant. S'havien expandit mar endins. Els seus vaixells anaven i tornaven de Gènova, Civitavecchia, Nàpols i Cuba. Generacions senceres de patrons i mariners coneixien Àfrica i Amèrica del Sud, sense haver posat mai el peu a Figueres. Al moll de Portdogué el tràfec era continu: pailebots, goletes i bergantins, amb les veles inflades pel vent, hi arribaven atapeïts de roba, terrissa, sal, o fusta, per fer els barrils amb què s'exportaven el vi i la pesca salada.

La pesca era una activitat primordial per a la subsistència quotidiana. Les nits sense lluna, les barques sortien a pescar a l'encesa i, si hi havia sort, tornaven de bon matí carregades de sardines, anxoves, verats

i sorells. Una part d'aquest peix se salava a les indústries de conserva del poble; la resta es duia, a rem, cap a la llotja de Roses. Els fons submarins, a més de proporcionar aliment, contenien altres tresors, com les vetes de corall ocultes en els roquissers de la badia. La seva obtenció era possible gràcies a la presència dels Kontos, una nissaga de bussos vinguts de Grècia, que es jugaven la vida cada cop que descendien quaranta braces, a la recerca de l'or vermell.

Al marge dels fruits del mar, la població va viure del conreu de les oliveres. Els trulls produïen oli d'una gran qualitat. Aquesta activitat es complementava amb el cultiu de la vinya, fins que, l'any 1883, una epidèmia de fil·loxera va anorrear tots els ceps. D'aquesta desgràcia en queda el testimoni mut dels marges de pedra seca, uns murs extraordinaris que ressegueixen les muntanyes de l'entorn, com els graons erigits per una raça de ciclops extinta.

Amb aquesta economia tan precària, gairebé de supervivència, les cases dels cadaquesencs havien de ser, per força, molt humils. No disposaven d'aigua corrent i les dones havien d'anar a buscar-la a la Font Vella un parell de cops al dia. Ho feien carregades d'un doll –una gerra verda i brillant, amb dues nanses laterals–, que transportaven sobre el cap amb una elegància extraordinària. A part dels dolls, o dels feixos de llenya que els homes deixaven a l'entrada del poble, algunes dones també es veien obligades a traginar l'estigma de la superstició. La creença en bruixes encara era viva i ben arrelada a la vila, com en altres petits nuclis de l'Empordà. Enraonies malicioses atribuïen fets extraordinaris i poders sobrenaturals a les joves més excèntriques de la comunitat.

Per espolsar-se la malastrugança i el tedi, cada 20 de gener, tot el poble marxava en romiatge fins a l'ermita de Sant Sebastià. L'església, penjada a mig Pení, de cara a sol ixent, era l'escenari d'una celebració multitudinària. Hi pujaven famílies senceres, amb els cabassos plens de vianda i porrons de vi. L'ascensió, entre els oliverars, resultava bastant costeruda, però l'ambient era molt distés: la colla de músics interpretava pasdobles mentre seguien el capellà, que transportava la barroca figura del sant.

Quan la comitiva arribava a l'ermita, hi havia rondes de balls i cançons. No hi faltaven mai les patacades, unes composicions satíriques i enginyoses, dedicades a les autoritats i els personatges populars.

Les aigües del Llaner

Gala, Dalí i garota

Les famílies preparaven el dinar sota els pins: els perfums del romaní i les costelles a la brasa es fonien, mentre les closques de les garotes s'amuntegaven als plats. Aquest menjar mariner, típic dels mesos freds, es un dels àpats preferits dels cadaquesencs.

L'atmosfera hospitalària i cordial, que repuntava en aquests actes festius, devia ser fonamental en la ràpida reconversió de la petita comunitat en un cau d'artistes. L'inventor Narcís Monturiol va ser dels primers a poder comprovar-ho. El figuerenc, que el 1856 fugia d'una persecució política, va ser acollit a Cadaqués amb generositat. Monturiol, que cultivava les arts plàstiques, va sobreviure pintant retrats per encàrrec.

Ara bé; la veritable revolució artística de la colònia va tenir lloc a principis del segle xx, quan la nombrosa família Pichot va comprar un terreny a la península d'Es Sortell, vora la platja de Sa Conca. Sota la direcció emprenedora d'Antònia Gironès, mare de set fills inquiets i molt dotats, es va bastir una casa magnífica que, de seguida, es va convertir en un santuari de l'art. La dinastia dels Pichot comptava amb pintors: l'arrauxat Ramon, amic de Picasso; jardiners: Pepito; músics: Lluís i Ricard; cantants d'òpera: Maria Gay, i poetes: Eduardo Marquina. Gràcies a ells i el seu caràcter obert, una corrua imparable d'intel·lectuals i artistes van poder gaudir de les excel·lències de Cadaqués. Aquesta fama es va estendre com una taca d'oli i, amb el pas dels anys, va atreure figures tan universals com Marcel Duchamp, Man Ray o Merce Cunningham.

A part de ser decisius en el cosmopolitisme de la vila, els Pichot van resultar una peça clau en la formació artística de Dalí. Hi ha una anècdota prou reveladora: la família acostumava a instal·lar un piano de cua a la seva barca. L'amarraven davant les arestes escarpades d'Es Sortell i, vestits d'etiqueta, feien concerts sota la lluna. A l'inici de la seva maduresa, Dalí reformularà alguns dels elements d'aquestes vetllades nocturnes al llenç *Crani atmosfèric sodomitzant un piano de cua* (1934). Mirant el quadre amb subjectivitat, podem intuir-hi un homenatge ocult, i merescut, a aquesta nissaga tan emprenedora.

El notari Dalí i la parella

L'artista i la musa

L'encanteri de l'Empordanet

Si seguim la carretera que va des de Figueres a La Bisbal, la C-252, efectuarem el pas de l'Alt al Baix Empordà d'una manera suau i pacífica, sense ensurts ni estridències. Quan deixem enrera Viladamat, ben bé davant la falda grisa del Montgrí, comencen els bells dominis de l'Empordanet: una plana curvilínia que s'estén davant la mar fins que topa, al sud-oest, amb el mur verd i boscós de les Gavarres. Comparats amb la comarca veïna, els tons d'aquest paisatge són més plàcids, més harmoniosos i delicats. El punt afegit de dolçor que contenen, potser, és conseqüència de les petites dimensions del territori. La seva mesura, còmoda i abastable, el converteixen en un paradís de signe clàssic.

Però el Baix Empordà, com tants altres jardins edènics, no s'ha pogut deslliurar de les temptacions de la fruita prohibida. La queixalada de la supèrbia humana resta visible a la franja costanera on, vora l'escuma salada, s'hi agombolen ruscos, caus i termiters de ciment. Aquesta opressió urbanística, aquest encofurnament desorbitat, s'equilibra, per sort, gràcies a la munió de viles que s'escampen, sempre discretes, per l'interior del país. Són poblets atractius i inactuals, bastits amb pedres centenàries, del color de la mel. En els seus carrers, en els camps i els sembrats que els envolten, hi batega l'herència vigorosa de la pagesia.

Sobre el mapa, la capital de l'Empordanet és la Bisbal, però, en la realitat, aquesta és ben lluny de ser l'indret que aglutini els interessos lúdics, socials i econòmics de la comarca. El magnetisme d'altres llocs com Torroella de Montgrí, Sant Feliu de Guíxols o Palafrugell, nuclis actius, amb vida i personalitat pròpia, la superen i la depassen amb escreix.

Aquest és el cas de Palamós, un poble marítim on, encara avui, la vida dels pescadors continua sent un valor perdurable. Palamós, com Cadaqués, pot presumir de ser un punt de trobada entre la rudesa de la marineria i el cosmopolitisme més modern i elegant. No ens ha d'estranyar, doncs, que, entre 1930 i 1935, la localitat fos una de les destinacions predilectes de Gala i Salvador Dalí. En aquella època, la carrera artística del figuerenc tot just començava a agafar embranzida; però la parella, amb l'olfacte que els caracteritzava, sabia molt bé els llocs on calia ser present.

La solitud de l'estudi

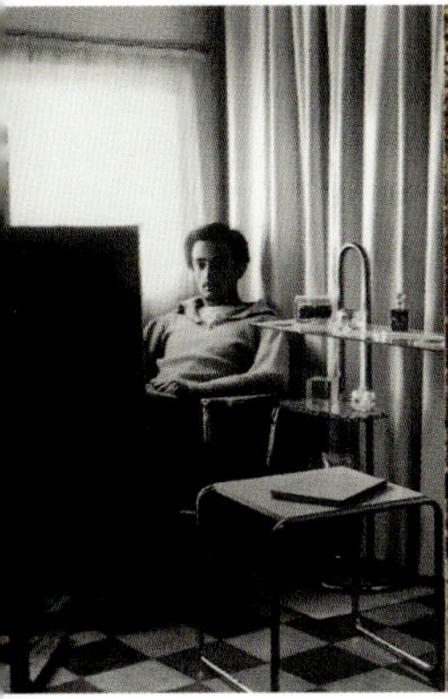

El castell de Púbol

J.M. Sert i la parella

Durant els seus sojorns palamosins, els Dalí solien visitar el Mas Juny, una preciosa masia rehabilitada, situada a la platja de Castell. Aleshores, el casal era propietat del pintor Josep Maria Sert i la princesa georgiana Roussy Mdivani. La residència s'havia convertit en un centre pròdig i disbauxat, que acollia celebritats com Luchino Visconti, Coco Chanel o Marlene Dietrich. Després de la Guerra Civil, la mansió canviaria de propietaris. L'artista tornaria a visitar l'indret, a principis dels anys 50, i fins i tot comptaria amb una barraca de pescadors a la platja de Castell –amb una curiosa porta inclinada–, per si volia pintar sense destorbs.

Aquestes visites a l'Empordanet, un petit peu de pàgina de la dilatada vida social de la parella, contrasten amb l'enclavament que els Dalí van triar, ja en el crepuscle de la seva vida, com a centre de retir espiritual. Aleshores, optarien per un racó ben allunyat dels esperits selectes, mundans i bulliciosos. Donarien l'esquena a la franja costanera per installar-se a l'interior del país.

Aquest nou moviment estratègic i biogràfic començaria l'any 1969, quan Dalí va iniciar, en secret, els tràmits de compra del castell de Púbol. El poblet, un veïnat de la Pera, es va revelar com l'oasi perfecte per la intimitat que, des de feia temps, Gala li reclamava a l'artista. Gràcies a la presència de la dona del pintor, el castell, l'antiga casa forta dels Corbera, es va rehabilitar i va recuperar part del seu esplendor feudal. Gala, amb la seva presència enigmàtica, va aportar a Púbol un perfum aristocràtic, una fragància surreal i postmoderna, que acabaria marcant la vila per sempre més.

Vilabertran va ser un dels paradisos on Dalí va aprendre a pintar d'infant.

Església i abadia de Vilabertran, 1918-19. Col·lecció particular, Barcelona

El farmacèutic de l'Empordà que no busca absolutament res, 1936
Museum Folkwang, Essen. Alemanya

Primavera necrofílica, 1936. Col·lecció particular

Primera Aresta:
FIGUERES

L'apoteosi del Teatre-Museu

Una tarda plujosa d'estiu

Molt abans que a Andy Warhol li sortissin les dents de llet, Salvador Dalí ja havia convertit les seves aparicions públiques en una gran *performance* actoral. Aquest seu gust per la pantomima culminaria en l'última gran obra de la seva vida: la reconversió d'un teatre en un objecte surrealista absolut; un laberint que contindria la síntesi del seu pensament i la seva obra, on el públic podria explorar a l'engròs la cosmogonia daliniana.

Ningú no pot negar que el projecte va reeixir amb èxit. En qualsevol visita al Teatre-Museu, les sorpreses s'encadenen. Els espectadors no coneixen ni un segon de respir. Reben flaixos i sensacions contradictòries, mentre els assalten imatges tan inoblidables com *L'espectre del sex-appeal* (1932), *Retrat de Gala amb dues costelles en equilibri* (1933), *La panera del pa* (1945) o *Galatea de les esferes* (1952). Sense adonar-se'n, els visitants es belluguen a través de la memòria, les obsessions i els espectres d'un autor irrepetible.

Dalí va idear el seu projecte museístic sobre l'antic Teatre Municipal de Figueres. Aquest edifici, construït el 1849 per l'arquitecte Josep Roca i Bros, era una desferra, un esquelet descarnat. Ningú no en donava ni un ral. La Guerra Civil havia acabat amb els seus dies de glòria: uns soldats nacionals l'havien incendiat, el febrer de 1939, i només van quedar dretes les parets recremades.

El teatre va començar la seva resurrecció vint anys després de les flames. Tot va passar de manera casual: una tarda d'estiu –havia caigut una pluja fina–, Dalí es va fixar en aquells maons escrostonats i ferits. En companyia del pintor Joaquim Bech de Careda, va visitar les ruïnes. L'estructura del recinte el va impressionar. Es va endur unes peces de calçobre verd, que havien caigut dels murs, i va suggerir l'ús de l'espai per fer-hi espectacles musicals. La proposta va quedar a l'aire, però ningú no es podia imaginar que l'artista s'aniria obsedint amb l'edifici. El punt d'inflexió es va produir el maig de 1961, quan el pintor va dir a l'alcalde figuerenc, Ramon Guardiola, i al seu fotògraf de confiança, Melitó Casals, que volia fer un museu extraordinari en aquell lloc.

La tria de l'indret, segons l'artista, responia a diversos motius sentimentals: per començar, l'immoble era al davant de l'església de Sant Pere, lloc on l'havien batejat i que formava part de les seves fantasies eròtiques d'adolescent; d'altra banda, la seva primera exposició pública s'havia celebrat a les sales del Teatre, el desembre de 1918, en una mostra compartida amb els pintors Josep Bonaterra Gras i Josep Montoriol Puig. Tot quadrava.

Enardit amb aquesta visió, Dalí va començar a idear projectes per transformar aquella carcassa enrunada en un escenari visitable. Malgrat els desitjos apressats del geni, encara hauria de passar una dècada perquè el seu somni comencés a materialitzar-se. El motiu del retard era l'estira-i-arronsa inacabable entre l'Ajuntament de Figueres i la Dirección General de Bellas Artes, que no es volia implicar econòmicament en el projecte. Els recels de Madrid provenien del concepte de museu defensat pel figuerenc: l'artista no volia exposar-hi cap obra original, només reproduccions fotogràfiques dels quadres. "La gent no en sortirà decebuda –insistia l'autor–. Les fotos tenen un avantatge: són millors que l'obra original. Ja es decebran quan vegin els quadres." Per descomptat, Dalí va acabar afluixant i es va comprometre a cedir pintures de debò a l'equipament. Resolt aquest entrebanc, les obres de reforma del teatre es van iniciar el 13 d'octubre de 1970.

El mes següent, l'artista complia la seva paraula dipositant una part del mural del sostre del Saló de Descans. La peça, batejada *El palau del vent*, simbolitzava una oda definitiva a la terra que l'havia vist néixer. Presidien l'escena dues figures gegants de Gala i Dalí, que ballaven una sardana sobre l'Empordà. Els seus cossos, vistos en escorç, eren plens de calaixos oberts dels quals rajaven monedes daurades. L'explicació de l'obra era molt senzilla: "Gala i jo vessem una pluja d'or sobre els espectadors. Sobre la plana sublim empordanesa hi cau tot l'or que he amassat en tota la meva vida". La predicció es revelaria encertadíssima, veient els milers de visitants que passen, any rera any, per les instal·lacions.

Cal remarcar que el Saló de Descans també representava una al·legoria de la casa particular de Dalí. Per això, a la petita cambra de la dreta, s'hi va muntar un espai que feia les funcions de dormitori –amb un llit en forma de petxina, l'antiga propietat del qual s'atribueix a la Castiglioni, una de les favorites de Napoleó III–. I a l'habitació de l'esquerra s'hi va recrear un taller pictòric, on diverses obres d'art, pròpies i alienes, enaltien el poder de l'etern femení. L'artista, amb aquesta maniobra, es convertia en una mena d'hostaler surreal, que ens convidava a degustar les meravelles paranoiques de la seva llar i el seu país.

Contra l'imperi de l'angle recte

La silueta del Teatre-Museu s'ha convertit en una icona pop internacional. La seva cúpula geodèsica és inconfusible. ¿Qui sap si Dalí, en dissenyar-la, va voler recuperar una idea antiga, concebuda l'any 31, quan volia crear un parc d'atraccions surrealista per a Charles i Marie-Laure de Noailles? El parc havia d'incloure una esfera buida, perquè el públic tingués la il·lusió de tornar al claustre matern.

L'arquitecte Emilio Pérez Piñero va ser l'encarregat de coronar l'escenari del Teatre-Museu. Ho va fer amb una estructura d'acer i vidre, inspirada en els treballs del projectista nord-americà Samuel Fuller. Segons Dalí, la cúpula era l'emblema de l'arquitectura monàrquica, i li agradava oposar-la al Partenó d'Atenes, "un símbol de la república, que sempre s'emplena de teranyines i de caca d'oreneta". Dalí també se serviria de la cúpula per atacar els edificis de Le Corbusier, per preveure la fi del domini de l'angle recte i pronosticar el regnat de l'esfera perfecta.

La construcció de l'estructura va començar el gener de 1973. Les fotos del procés van donar la volta al món, però no van ser les úniques instantànies sorprenents captades pels fotògrafs. Les intervencions a l'antic pati de butaques, com la incorporació del cadillac plujós, l'arribada de l'opulenta estàtua d'Ernst Fuchs –que havia d'anar sobre el capot del cotxe–, o la hissada de la barca groga de Gala, a dalt d'una columna altíssima de pneumàtics, van aixecar especulacions de tota mena.

Dalí, en col·laboració amb el pintor Antoni Pitxot –membre de la fèrtil nissaga cadaquesenca–, també va dissenyar quatre monstres grotescos, que evocaven l'esperit lúdic de les criatures que decoren els jardins italians de Bomarzo. Situats entre les finestres centrals del pati, són un exemple immillorable de la màxima 'Tot s'aprofita'. Estan fets amb pedres de Cadaqués, gàrgoles de l'església de Sant Pere, calaixos vells de l'Ajuntament, la font d'un parc municipal, restes de les branques dels arbres de la Rambla, closques de cargol i el cap d'una bèstia marina que va aparèixer morta a Cap de Creus.

Un altre dels grans muntatges dalinians el trobem a la Sala Mae West. El pintor, entre 1934 i 1935, va retocar una foto de l'actriu nord-americana i la va convertir en la cambra d'un apartament. Aquí, l'artista va voler anar més lluny i va construir l'habitació facial en tres dimensions. Una combinació astoradora de perruques gegantines, quadres puntillistes, narius amb troncs encesos i un sofà de llavis van convertir en versemblant el projecte, aconseguint un resultat divertit i original.

La creativitat de Dalí, però, no es va circumscriure a la façana i els interiors de l'edifici. El seu toc màgic també va transformar els voltants de l'immoble, instal·lant a l'aire lliure una mena d'aperitiu del conjunt monumental. Ben bé al davant de les portes del Teatre-Museu hi trobem el grup escultòric dedicat al filòsof català Francesc Pujols, un pensador que, com Dalí, era capaç de barrejar les abstraccions metafísiques amb l'humor més sorneguer. L'intel·lectual, que té el cos construït amb el tronc d'una olivera, sosté un àtom daurat d'hidrogen. Potser, ¿qui ho sap?, perquè la filosofia intenta aprehendre tot sovint conceptes volàtils i gasosos.

L'homenatge a Pujols no és l'única singularitat de la plaça. Hi destaquen les columnates de pneumàtics de tractor, que atalaien la figura en escaiola del pintor Ernest Meissonier –del qual s'exhibeixen dues obres a dins del museu–; un magnífic obelisc de televisors, fet per l'artista Volf Vostel; l'aparador amb la cara d'un gegant envoltat de closques d'ou; una font de pedra rematada amb un àtom d'hidrogen; i una escultura en honor de Newton, situada a les escales que davallen cap al carrer de la Jonquera.

Dalí havia fet molts altres dissenys ambiciosos per adornar la plaça. Aquests projectes contemplaven la compra de la casa Romaguera, on hi ha els cafès de la plaça, per unir-la al museu amb un pont enlairat. Per desgracia, aquestes propostes no es van poder dur mai a terme degut a qüestions econòmiques.

Un edifici viu i canviant

La inauguració del Teatre-Museu es va celebrar el 28 de setembre de 1974. L'apoteosi triomfal incloïa una desfilada popular, amb una caravana molt nodrida de bandes de música, nans i capgrossos, trabucaires que disparaven salves, cotxes antics, hippies esmaperduts i una elefanta anomenada Jazmine.

Tenir l'edifici a punt per aquella data, no havia estat gens senzill. Els col·laboradors de Dalí van treballar contra rellotge. Només havien disposat de tres mesos per enllestir les obres que faltaven. A mesura que s'apropava el dia zero, es feia evident que l'artista no havia cedit prou obres i que se'n necessitarien moltes més; fet que condicionava la posada en escena de vàries sales. Deu dies abans de l'obertura, Dalí va portar una gran remesa de quadres i el seu secretari, el capità Peter Moore, en va deixar uns altres en préstec temporal. Els nous llenços es van muntar a una velocitat de vertigen.

L'anècdota és prou reveladora. Demostra que l'artista no concebia l'indret com un espai mort, momificat i inalterable. Per a ell, el museu era un *work in progress* sobre el qual podia improvisar, treure elements o afegir-n'hi, depenent de les circumstàncies.

La demostració més palpable d'aquest concepte va ser l'annexió al Teatre-Museu de la veïna Casa Gorgot, feta el 12 d'octubre de 1983. El conjunt incloïa una torre –l'actual Torre Galatea– que formava part de les antigues muralles medievals de la ciutat. L'interès del pintor per la finca ja venia de lluny. Mentre remodelava el teatre, l'havia visitada i volia que un hoteler figuerenc hi obrís un restaurant, on només s'hi podrien menjar els plats preferits de l'artista.

Un cop comprat l'edifici, la dalinització de la façana va ser gairebé immediata. Els pans de crostó, un producte típic de la comarca, van multiplicar-se sobre els murs l'any 1984, mentre es condicionava l'edifici per que el pintor hi visqués. L'acumulació seriada de pans pretenia aconseguir un efecte similar al de la Casa de las Conchas, de Salamanca, o el del Palazzo dei Diamanti italià. Aquesta idea, que Dalí ja havia volgut aplicar en una casa cadaquesenca, a mitjans dels 50, responia a la veneració de l'artista per aquest aliment. Quan algú li va retreure que s'hagués fotografiat amb un pa de crostons sobre la testa, Dalí va replicar: "Tots els actes que faig responen a idees que ja havia tingut de petit. Per exemple, el pa que em poso sovint al cap és un barret amb el que vaig aparèixer a casa quan tenia sis anys. Vaig buidar un pa de crostons, aquests pans catalans de tres becs, i me'l vaig posar al cap". Dels records llunyans de la infantesa, els pans havien saltat a la façana.

Per completar l'escenografia, el pintor va escollir uns ous gegantins, com els que decoraven la seva casa de Portlligat. Era una tria força lògica: Dalí havia usat ous en multitud de pintures, performances, accions i escultures. Al marge de les connotacions mitològiques de l'aliment, calia tenir present que els ous empordanesos, sobretot els rossos, comptaven amb un gran prestigi i que als mercats es pagaven molt més cars que els d'altres llocs.

La Torre Galatea es va acabar convertint en l'última residència de l'artista; gràcies a una petita intervenció, l'edifici es comunicava per una porta amb el Teatre-Museu, l'últim amor terrenal de l'artista. La passió de Dalí per aquest monument faraònic va fer que decidís, gairebé a les portes de la mort, de convertir-lo en el seu lloc de descans etern, i, d'aquesta manera, hi va ser enterrat, amb tots els honors, el 25 de gener de 1989. L'última decisió del geni, l'integrar-se en aquest gran *ready-made* fet a mida, era del tot coherent amb la seva personalitat.

Després de la desaparició del pintor, la Fundació Gala-Dalí va adquirir un edifici contigu a la Torre Galatea. Aquest s'ha transformat en un espai independent que acull, des de l'any 2001, les magnífiques joies de la col·lecció Owen Cheatham que va dissenyar l'artista. Les escultures de perles, robins, safirs, or i diamants són un colofó perfecte per a una idea quixotesca, nascuda una tarda d'estiu, mentre el campanar de Sant Pere es desdibuixava sobre el terra moll i ple de basses.

Els carrers de l'art

Bressolat per Monturiol

Dalí pot ser titllat amb molts d'adjectius, però, per sobre de tots, n'hi ha un que li va com l'anell al dit: figuerenc. Als forasters potser els resultarà estrany. Però és així. De la mateixa manera que associem els Beatles a Liverpool o Elvis Presley a Memphis, Figueres, la ciutat natal de l'artista, va configurar el seu microcosmos d'infància i joventut, aportant-li paisatges, amistats i experiències que destil·laria a través dels seus filtres creatius. La primera *urbs* del pintor no va ser ni Madrid, ni París, ni Nova York, ni Barcelona. No ens ha de sorprendre gens que, en el darrer tram de la seva vida, el pintor retornés al seu edèn particular, amb la pretensió de recuperar tants records com pogués i cristal·litzar-los, amb el seu llenguatge, en el Teatre-Museu Dalí.

Contra el que s'acostuma a creure, la infantesa del pintor no va resultar massa traumàtica. Fill d'una de les famílies acomodades de la ciutat, va gaudir d'una educació i un ambient on, malgrat el trencament posterior, se'l complaïa, se'l consentia i se'l deixava fer. L'artista va néixer l'11 de maig de 1904, a l'entresol del número 20 del carrer Monturiol (avui número 6), i va rebre el nom de Salvador Felip Jacint Dalí i Domènech. Els seus pares eren el notari Salvador Dalí Cusí, nascut a Cadaqués, un home expansiu, republicà i de caràcter tempestuós, i la barcelonina Felipa Domènech Ferrés, una dona culta, de qui el noi podria haver heretat la sensibilitat cap a les arts.

La parella havia tingut un primer fill l'any 1901, Salvador Gal Anselm, però el nen només va viure vint-i-dos mesos. Aquest germà perdut va ser incorporat pel pintor a la seva mitologia biogràfica, tal i com es pot llegir al volum *Vida Secreta de Salvador Dalí*. En aquesta ficció maquillada, l'autor allargava la vida del germà fins al set anys, el proveïa d'una precocitat genial i l'usava per acusar els seus pares de 'crim subconscient', pel fet d'haver-lo batejat amb el mateix nom. Dalí sempre va ser magnífic en la manipulació dels detalls.

En la vida real, l'artista va tenir una germana menor, Anna Maria, nascuda el 1908. Anna Maria, com la resta dels familiars, va servir de model dels seus primers quadres. En aquesta galeria de figurants també hi anava inclosa la mainadera de la casa, Llúcia Gispert, una dona gran, que es queixava de les arrugues que el noi li afegia a cada retrat. L'any 1910, la família va augmentar amb la incorporació de Maria Anna Ferrés, la seva àvia materna, i la seva filla Caterina –'la tieta'– que es van instal·lar al pis de sobre. Quan la mare del pintor es va morir sobtadament, l'any 1921, el notari es casaria amb Caterina al cap d'un temps.

El carrer Monturiol, on residien, surt de la placeta baixa de la Rambla i era una de les artèries més elegants de Figueres. Ben bé sobre la galeria del pis dels Dalí, s'hi desplegava un jardí de castanyers exuberants, que formava part del casal senyorívol de la marquesa de la Torre. El notari havia instal·lat el seu despatx als baixos del domicili familiar. Es trobava a quatre passes de l'Sport, el club dels senyors, on, cada nit, es reunia amb una colla d'amics i celebrava discussions polítiques abrandades.

L'artista, als anys 70, va rebatejar el carrer Monturiol amb el sobrenom de 'carrer de genis', perquè, a part d'ell i l'inventor, allà hi havien nascut literats –Carles Fages de Climent–, músics –Albert Cotó– i escultors –Artur Novoa–. Però el carrer aplegava altres veïns tocats pel *daimon* de la creativitat, com ara el seu professor de dibuix, Juan Núñez, o l'historiador Alexandre Deulofeu. Aquest últim havia tractat el pintor des dels dies d'infantesa: "El notari Dalí tenia el despatx al davant de la farmàcia del meu pare. Des de petits jugàvem junts. Un dia, en Dalí em diu que adora el Déu Buda i que té un altar; "vine, que te l'ensenyaré". Pugem a casa seva i ell i Anna Maria em fan entrar en una habitació, on sobre una tauleta hi havia una imatge de Buda. Van fer unes cerimònies i ens en tornàrem a jugar".

L'any 1912, els Dalí van canviar de domicili: del carrer Monturiol 20 es van traslladar a Monturiol 24, al pis superior d'una casa nova (avui número 10), dissenyada per l'arquitecte Josep Azemar. El pis donava a la Plaça de la Palmera, on es celebraven les primaverals Fires de la Santa Creu. La placeta també acollia el mercat setmanal: cada dijous, vora la silueta esvelta de la palmera s'hi aplegaven les parades, plenes de col-i-flors de Vilabertran, naps de Capmany i la resta de delícies de l'horta de la comarca.

Seguint el costum iniciat a l'altre pis, el notari va instal·lar el seu despatx als baixos del nou edifici. En aquella notaria, l'any 1925, el poeta Federico García Lorca hi faria una lectura pública del drama *Mariana Pineda,* llavors inèdit, davant un cenacle reduït d'intel·lectuals empordanesos. Qui sap si per una estranya llei de compensacions, mentre el seu pare ocupava els baixos, Dalí es va apropiar de les altures i va traslladar el seu paradís particular al terrat. Dels dos safarejos existents, en va convertir un en el seu estudi. A les pàgines de *Vida Secreta* afirmava haver dibuixat assegut a dins, mentre l'aigua li arribava a la cintura.

A part del safareig, el terrat comptava amb un altre gran atractiu: el paisatge que es podia abastar des d'allí. Segons deia el pintor, "la vista de la ciutat, estesa als meus peus, servia per a estimular l'ambició sense límits de la meva imaginació sobirana. Tot el panorama fins a la badia de Roses semblava obeir-me i dependre de la meva mirada". A la banda oposada de la Plaça de la Palmera, Dalí veia alçar-se el Garatge Soler i, a la seva esquerra, el campanar de l'escola de les monges franceses (origen d'una de les imatges dobles dalinianes: la noia-campana que salta a la corda). Al fons de l'entramat urbà hi destacaven una llenca del golf de Roses, les cases de Palau-saverdera i les muntanyes de Sant Pere de Rodes.

Aquesta visió, reposada i idíl·lica, ha quedat plasmada a la perfecció en el quadro *Noia de Figueres* (1926), on el pintor hi va incloure un anunci del garatge, amb les lletres Ford sobre un fons blau. Als anys 70, Dalí va remarcar que aquest símbol, precursor del pop art, "com que destacava enmig d'aquell conjunt tan clàssic, va causar un escàndol fenomenal a la ciutat." De ser veritat, devia tractar-se d'un dels primers sotracs estètics amb què l'autor va obsequiar les consciències burgeses de la vila.

L'alumne predilecte de Juan Núñez

Que Dalí estava predestinat al conreu de les belles arts, sembla un fet indiscutible. Des de ben petit, va estar obsessionat per la dèria del dibuix. Ja als sis anys, a la galeria de Monturiol 20, dibuixava ànecs i oques sobre una taula, ratllant la fusta amb una cullera o una forquilla. Pepito Pichot, l'any 1916, admirat pels progressos del jove, va advertir el notari que calia buscar-li un professor de dibuix. A la tardor d'aquell mateix any, Dalí es matriculava a l'Escola Municipal de Dibuix, dirigida per l'andalús Juan Núñez Fernandez. Núñez, que posseïa una sòlida formació acadèmica i era un gravador excel·lent, també feia de professor de batxillerat a l'Institut de Figueres, on el noi acabava d'ingressar. Entre un lloc i l'altre, Núñez li faria de mentor durant sis anys.

L'Escola de Dibuix, situada al carrer dels Tints, va ser un oasi de llibertat, que compensava Dalí de les assignatures que se li feien més costerudes (com les matemàtiques i altres 'estupideses'). Anna Maria Dalí recorda així la passió del seu germà: "La seva afecció per anar a les classes del senyor Núñez era tan forta que un vespre que plovia a bots i barrals també hi anà. Fou l'únic deixeble que no deixa d'assistir a classe. El señor Núñez comentava: 'Crec que encara que caiguessin cigrons vindria igualment'".

Els alumnes de Núñez acostumaven a copiar estàtues de guix –un gladiador furibund, un Laocont dolorós–, mentre un violinista del veïnat els acompanyava tocant, mes rera mes, les mateixes sonates. A part d'aprendre l'ofici, Salvador hi va fer coneixença de Ramon Reig i Marià Baig, futurs artistes com ell. També va establir vincles afectius amb Carme Roget, la seva primera aventura amorosa. Les classes, és clar, tenien els seus moments inevitables de disbauxa. Quan els companys volien posar nerviós Dalí, deixaven anar una llagosta de camp que, amb els seus salts, li provocava xiscles de pànic. Aquests insectes, de connotacions terrorífiques, serien incorporats a la seva iconografia en olis com *El gran masturbador* (1929).

Núñez tenia fama de professor exigent. Amb una llapissada, corregia els defectes dels exercicis dels alumnes, però quan veia els treballs de Dalí, acostumava a parar-se i somreia. El noiet s'agafava la feina amb tanta empenta que, després del primer curs acadèmic, l'any 1917, va rebre un diploma honorífic, de mans de l'alcalde Marià Pujolar. El notari, entusiasmat, va fer una exposició amb els dibuixos a la saleta de casa i va celebrar l'èxit del fill convidant els amics a fer una garotada al terrat.

Per Dalí, Núñez va ser una revelació. "És l'home al qual he respectat més i del qui més he aprés", afirmaria. Ben aviat, l'acadèmic li va obrir les portes de la seva llar i el jove hi traginava els seus llenços, perquè el mestre els hi comentés. L'hivern de l'any 1920, conscient de les qualitats del noi, Núñez li recomanava que ho deixés tot per dedicar-se a la pintura. Les seves paraules eren taxatives: "Quan vegi el seu pare ja li diré que no faci bestieses, que se'n vagin els llibres a fer punyetes!". L'admonició del professor va fer arronsar el nas de tota la família. Però, al final, carregats d'orgull, acabarien transigint i el deixarien marxar a Madrid, a estudiar per poder convertir-se en catedràtic de dibuix. S'ha de dir que quan Salvador, va saber el que guanyava un professor de dibuix espanyol de l'època, va exclamar irat: "Però si tindré un sou de carrabiner!". S'equivocava. Tindria un sou molt millor. Un sou d'*Avida Dollars*.

L'ull sempre alerta

A un dibuixant tan ambiciós ben aviat se li va fer petit el safareig. Als disset anys, Dalí ja disposava d'un taller en dues cambres espaioses del pis familiar, que donaven al carrer de Monturiol. Segons els testimonis, allí s'hi apilotaven els cartrons i les teles, decorats amb uns cels, uns mars i uns camps esplèndids. Sovintejava l'estudi una colla de gitanets que li servien de model i, si calia, es posaven a tocar la guitarra i cantar, produint un rebombori alegre i estimulant.

Si els avenços del jove en el camp pictòric eren notables, el seu rendiment era irregular en altres matèries lectives. Dalí, en qualitat d'alumne, va fer un *tour* intensiu per diverses acadèmies de la ciutat: l'escola dels Maristes –avui desapareguda–, el col·legi dels Fossos –La Salle– i l'Institut. En general, tendia a avorrir-se amb les explicacions monòtones del professorat i usava les aules per activar l'espoleta de la imaginació. Badava i somiejava fins i tot si les condicions físiques li eren adverses. Davant aquest desinterès, poca cosa hi tenien a fer els números o l'ortografia.

Una tarda de gener, de 1920, en ple deliri febrós, l'artista va descobrir a l'aula dels maristes la presència d'imatges dobles. Eren com fantasmes, que s'amagaven en qualsevol racó. Només calia saber materialitzar-los: "Tenia febre i em sentia els llavis roents –va deixar escrit–. Inclinat sobre la vernissada taula, mirava les pelades i les rascades de les parets, composant imaginativament figures al·legòriques i ninots amb dites esquerdes. Allí a sota la taula n'hi havia una que semblava igual que una ballarina. Més amunt, un soldat romà." El jove, doncs, va viure en carn pròpia la superposició delirant d'imatges; un joc òptic que, més endavant, es multiplicaria a les seves teles amb la personalitat característica d'un tret cal·ligràfic.

Quan era fora de classe, Dalí continuava alerta: es treia un petit bloc de la butxaca, esmolava un llapis petit i, amb la perícia d'un entomòleg, capturava entre les pàgines les siluetes dels tipus populars de la ciutat. Un company seu, el pintor Marià Baig, recorda que mentre estudiaven a l'Institut sempre dibuixava un home gran, que anava pel carrer amb crosses. ¿Qui sap si aquest caminant tolit va ser l'origen d'aquest símbol dalinià, relacionat amb la impotència, que el pintor feia servir a tort i a dret?

Els apunts del noi eixerit, però, no es limitaven a la figura humana. Quan calia estudiar la natura, Figueres disposava d'un observatori incomparable per extasiar-se amb els canvis de llum i les gradacions atmosfèriques. Només calia asseure's al Banc del General, davant del Castell de Sant Ferran, i disfrutar de la vista magnífica de la plana empordanesa. Els elements celestes s'encarregaven de posar-hi la resta. Dalí havia passat allà moltes tardes, en companyia de Joan Xirau i Ramon Reig, admirant els efectes al·lucinants del sol que es ponia.

Mentre els grills cantaven entre les atzavares, els tres amics compartien en veu alta l'emoció per la descoberta d'una claror lila, de la forma insospitada d'un núvol, de la rojor de les cases i la tira blava del mar. Les muntanyes del fons es tornaven rosades mentre els carrers de la ciutat, als seus peus, es tenyien de poesia i encanteri. Eren els carrers de l'art. Una capsa de tresors a l'abast dels qui la contemplaven amb la mirada franca i neta, amb l'esperit obert i carregat d'il·lusions.

La màgia de l'extraradi

Vocació d'impressionista

Per abastar tota la grandesa del paisatge de l'Empordà, per obtenir-ne una panoràmica global i inoblidable, cal enfilar-se a un lloc bastant elevat. Els millors miradors són el castell del Montgrí, l'ermita de la Mare de Déu del Mont i el castell de Sant Salvador –situat damunt del colossal monestir de Sant Pere de Rodes–. Des d'aquests tres observatoris es pot copsar tota la diversitat tonal de la contrada: des de la foscor dels terraprims a la calidesa de les dunes sorrenques, passant per l'explosió mineral del cap de Creus, la corba suau i elegant del golf de Roses o les crestes punxegudes de les illes Medes.

Qualsevol persona que hagi visitat alguna d'aquestes talaies, convindrà que la panoràmica que s'abasta havia de ser l'entorn ideal per a un noi inquiet com Dalí, el qual, a l'edat de dotze anys, volia ser un mestre de l'impressionisme. Això equivalia a aprehendre cadascun dels matisos canviants de la llum, cadascun dels contrastos camaleònics del cel i el mar i tota la varietat de verds, torrats i grocs de la plana. La combinació de la tossuderia daliniana, un ritme d'aprenentatge dur i espartà, i un paisatge variat amb què exercitar-se, va aconseguir que, en pocs anys, el jove fes passes de gegant cap al seu objectiu professional.

Dalí havia descobert l'impressionisme el juny de 1916. Va ser durant una estada al Molí de la Torre, una casa de pagès, vora el riu Manol. La finca era propietat de la cantant d'òpera Maria Gay, una artista del clan Pichot. Quan el carruatge el va deixar davant de la casa, el petit Salvador no podia imaginar que era a punt de patir una experiència estètica que el trasbalsaria.

Allà a dins, brillants com una llàntia meravellosa, l'esperaven els quadres de Ramon Pichot, un bohemi barbut, alegre i amic personal de Picasso. Les parets del menjador del Molí, on el noi esmorzava a diari, eren plenes d'olis i gravats del vell patriarca. Anys més tard, Dalí reconeixerà a *Vida Secreta* l'impacte que li van produir aquelles peces: "Aquests esmorzars foren el meu descobriment de l'impressionisme francès, l'escola de pintura que ha fet en mi realment la impressió més profunda de la meva vida, car va representar el meu primer contacte amb una teoria estètica antiacadèmica i revolucionària."

El figuerenc s'havia traslladat al casal dels Pichot per passar-hi un mes, amb la seva capsa de colors a l'oli instal·lada a l'equipatge. Els amfitrions li van habilitar una peça ben il·luminada, plena de sacs de blat de moro i panotxes, perquè li servís de taller. Segons relata el pintor, un dia es va posar a treballar sobre una porta vella i desmuntada. Hi dibuixava cireres, aplicant el color directament del tub. El resultat va admirar els habitants de la casa i els pagesos de la rodalia. Un d'ells, però, li va fer notar que s'havia oblidat de dibuixar-hi les cues. Aleshores, Dalí va agafar un grapat de cireres de debò, se les va menjar i va enganxar les cues sobre la fusta. Poc content amb això, hi va afegir cucs vius.

Pepito Pichot es va quedar tan parat davant els resultats, que es va oferir per recomanar al notari Dalí que li procurés un mestre de dibuix. Salvador s'hi va negar, al·legant que era un pintor impressionista i no necessitava lliçons. Si l'anècdota és certa, podem dir que aquesta va ser una versió *avant la lettre* de la seva famosa negativa de l'any 1926, quan va rebutjar ser examinat a l'Escola de Belles Arts de Madrid, per considerar incompetent el tribunal que havia de jutjar-lo.

Hortes, estanys i onades

L'empordanisme de Dalí, contra el que asseguren els tòpics, no es circumscriu als nuclis de Figueres i Cadaqués. La seva sensibilitat és fruit del coneixement exhaustiu de les peculiaritats d'un territori que s'havia recorregut pam a pam, amb la persistència d'un cartògraf. Poblacions ben diferents de la comarca –Llançà i Vilafant, Castelló d'Empúries i Borrassà, Llers i Vila-Sacra...– van ser testimonis de les seves petjades, i van contribuir a modelar la seva percepció personal del país.

Convertit en explorador inquiet, el pintor va centrar les descobertes inicials als afores de Figueres, els quals es reflecteixen en els seus llenços i proses primerencs. Allí hi ressonen els ecos de carrers bruts i fangosos, d'olivedes de plata i campanars daurats pel sol de casetes blanques, amb els teulats plens de molsa, de vaques de mirada trista i oques esvalotades, que fugen al pas dels estranys. Entre els camins de color cadmi i la ratlla del mar, d'un blau lluminós, el talent creatiu de Dalí s'engrandeix de mica en mica, alimentat per la força de la natura que l'envolta. D'aquesta fascinació, en tenim constància gràcies als seus diaris juvenils. Són una font immillorable per conèixer el seu món quotidià, nu de les màscares i les llegendes que es construirà a posteriori.

Sorprèn constatar com l'artista aixeca acta del món on viu, amb una precisió documental extraordinaria. Un exemple: el 24 de maig de 1920, el pintor surt amb la família i els amics, per anar a berenar a uns boscos propers a la vila. La passejada queda transcrita així: "Els camps de blat s'estenen vora el camí, ple d'escardots. El vent gronxa les espigues i tots els camps ondulen com onades daurades. Tot reverbera de llum i la terra mostra potenta sa fecunditat. Les roselles broden els camps de taques roges i els horts s'estenen fins al lluny, amb sos fruiters curulls de fruita verdosa i sos taulats de tomaqueres que comencen a madurar. Els reguerots d'aigua reguen les arrels de les cols i les verdures, i les flors primerenques es cuiden d'adornar amb un gust exquisit les baranes dels pous. Per allí hi canten els pardals, i les orenetes hi passen arran de terra. I seguim per un camí resseguit de margarites i de flors grogues vora la via. Amb ma tia parlem molt espiritualment del comunisme... Passem algunes casetes del tren. Totes tenen son hort, son pou, son gos, el nen petit que mira amb els ulls espantats, les gallines i ànecs, que vénen estirant el coll i mirant el cel, i la dona que seu a la porta fent mitja. En una de les casetes ens deixen un càntir d'aigua i seguim fins a arribar al bosc. Aquest bosc és frondós i ple de vegetació. Els arbres creixen a son gust, sense cap ordre. Les flors i la ginesta adornen el tapís de la humida molsa i els lliris d'aigua aixequen llurs testes grogues i morades, mirant el cel rutilant que s'amaga rera el fullatge."

En aquest fragment de prosa, de tons lírics i exultants, hi sentim vibrar el desig de capturar el paisatge amb una exactitud maníaca. Quan Dalí maduri, ho aconseguirà gràcies a la minuciositat de l'hiperrealisme. Arraconarà l'utillatge impressionista i l'exaltació romàntica dels principis, per convertir la plana empordanesa en un teló de fons, magnífic i enigmàtic, una mena de ciclorama on hi projectarà imatges dobles, arquitectures estrambòtiques, al·lucinacions i figures estrafetes. En la reformulació somnambúlica del seu país, l'artista hi inclourà la fauna més elemental: ases i orenetes, llagostes de camp i bocs, garotes i formigues, que envairan les pintures investits de connotacions críptiques o sinistres.

Res d'això, però, no s'intueix en els seus primers temptejos creatius. Aquests són l'extracte d'un jo líric, panteista i abrandat, que encara desconeix la riquesa onírica del surrealisme. Són el fruit de la predilecció que li produeixen els poblets encantadors dels afores de Figueres, com ara Vilabertran. Aquesta vila, famosa pel seu monestir romànic, rodejada de xiprers i hortes esplendoroses, és un lloc de pelegrinatge habitual dels Dalí, on coincideixen amb la família del seu company Ramon Reig. Per arribar a la vila, els Dalí han de caminar un quart d'hora per corriols arbrats i exuberants. La caminada sempre té una bella recompensa: la contemplació del campanar romànic, reflectit sobre el llac que hi ha vora l'abadia.

Aquest llac –avui protegit darrera unes tanques, que hi impossibiliten l'accés– fa les funcions de petit jardí romàntic, on hi neden els ànecs i disposa d'una barca de rems, per als qui vulguin creuar la seva plàcida superfície. Salvador s'emociona amb el llac i el plasma en diversos treballs. L'indret el fascina tant que, unes quantes dècades després, es plantejarà d'imitar l'estany vora la casa de Portlligat. Fins i tot somiejarà en convertir el llac original en l'escenari d'un film, *La carretilla de carn,* un deliri que inclou una vella, vestida de torero, amb l'aigua fins la cintura, que aguanta una truita francesa sobre el cap rapat. Cada vegada que la truita li resquitlla i cau a l'aigua, un portuguès l'haurà de substituir per una nova. Tots aquests propòsits, mai duts a terme, demostren que Vilabertran va fer forat en el corpus psicològic de l'artista.

De manera idèntica, la badia de Roses també li va quedar marcada a foc dins la retina. Els diaris de joventut ens mostren un Dalí en plena comunió tel·lúrica amb la geografia rosinca. El 28 de maig de 1920, el notari Dalí viatja a Roses per qüestions de feina. El seu fill i Ramon Reig l'acompanyen per prendre apunts del natural. Dalí anota així la vetllada: "Feia un sol aclaparador i hem pujat fins al castell grec! Es sentia vibrar la terra, i els llangardaixos i sargantanes s'amagaven al nostre pas, escorrent-se entre les gatoses i les roques. Des de l'enrunada muralla, es domina una gran immensitat de blavors i de llum. A baix, les roques, l'espuma virginalment blanca, els fons verdosos de l'aigua. A l'horitzó, les muntanyes de l'altra costa: Begur, les Illes Medes, l'Escala, quasi s'esfumaven amb la lluminositat del cel. Era tot allò una melodia de fines coloracions. Les orenetes passaven planant, atravessaven els núvols. Jo he sentit ganes de volar i de llançar-me en el buit".

Després d'aquestes ratlles encomiàstiques, que podria subscriure qualsevol pescador de la badia, no és estrany que l'artista pensés en Roses quan estava vivint als Estats Units. Així, en els murals que va realitzar, l'any 1942, en el menjador del pis de Manhattan d'Helena Rubinstein, hi va plasmar una rèplica inequívoca de la platja rosinca, amanida amb continguts de caire mitològic: sobre la sorra daurada hi transiten els espectres d'uns cavallers, mentre a dins de les aigües assistim a la disputa d'un guerrer i una criatura sirènida; dos personatges meravellosos que d'existir, en els nostres dies, haurien acabat servint d'atrezzo en algun parc temàtic, desproveïts de qualsevol alè titànic.

HOTEL PARIS

amiel's

Noia de Figueres, c. 1926. Fundació Gala-Salvador Dalí, Figueres

Aliè al brogit urbà, Dalí va escriure *Un chien andalou* a les terrasses dels bars.

El Museu del Joguet evoca el Dalí infant gràcies a fotos, dibuixos i un simpàtic osset Marquina, que va fascinar Federico García Lorca.

El Museu de l'Empordà conserva l'obra de mestres i companys generacionals del pintor figuerenc, al costat de peces que el van marcar.

Bio sud

Cada dijous, amb les parades del mercat en ebullició, Figueres es tornava pagesa. Aviram, bestiar i productes de l'horta es desplegaven en una simfonia de colors, repuntejada pels vermells i morats de les barretines. La Plaça del Gra continua acollint aquesta festa d'aromes, llum i brogit.

PRISCO SOL

Anar de compres, els vespres, o relaxar-se mirant aparadors era una activitat habitual per Anna Maria i Salvador Dalí. Des d'aleshores, la puixança comercial de Figueres no ha minvat. Algunes botigues encara conserven aquell encant immutable que les fa autèntiques.

"El quadre que m'agrada més del món és el d'un campanar de Vermeer de Delft.
I com que jo sento per Vermeer una enveja tremenda, perquè no puc pintar tan bé com ell, sempre que em masturbava al terrat de casa meva era quan es ponia el sol i tocava el campanar de Figueres"

DALI

RESTAURANT ESPAÑA

Dalí va construir el seu museu sobre les ruïnes calcinades del vell Teatre Principal de la ciutat. El seu propòsit era convertir-lo en un nucli de l'espiritualitat occidental i europea. Segons el pintor, tothom qui volgués estar al corrent dels últims avenços culturals, hauria d'arribar-se fins a Figueres, degustar la típica "botifarra dolça" i, tot seguit, observar el món a través del magma al·lucinant del museu. Filòsofs com Francesc Pujols, científics com Newton i pintors com Meissonier estan representats a la plaça del museu, com un homenatge a tots els pensadors que van influir en la construcció de la cosmogonia daliniana. Els ous empordanesos i el pa de pagès, de crostons, són l'aliment material amb què l'artista es nodria des de la seva infantesa.

"El pa ha estat un dels temes de fetitxisme i d'obsessió més antics de la meva obra, el primer, aquell al qual jo he estat més fidel"

La panera del pa, 1945. Teatre-Museu Dalí, Figueres

La cúpula reticular va ser dissenyada per l'arquitecte Emilio Pérez Piñero.
Quan bufa la tramuntana, la seva malla futurista brilla com un diamant.

Amadeu Torres i Teresa Marqués, coneguts com "El Poll i la Puça", eren dos passavolants figuerencs que omplien els carrers de música. Dalí va recuperar el piano de maneta de la parella i el va surrealitzar. El muntatge escultòric ocupa un lloc d'honor al museu.

L'escenari de l'antic teatre es va convertir en un pati interior, cobert per la trama reticular de la cúpula geodèsica. Aquest bell espai és el cor, l'autèntic nucli del complex dalinià, des d'on es bombeja energia artística, conceptual i filosòfica a la resta de l'edifici. La suma d'arquitectura delirant, instal·lacions insòlites i decorats aclaparadors evoca els somnis d'un dramaturg exaltat.

BA. 6. 1497

La barca de Gala s'alça gloriosa cap als núvols, sostinguda
per una columna de pneumàtics. Sota la seva proa, avança
el Cadillac plujós presidit per l'escultura opulenta de la reina Esther.
Les parets del voltant contenen jeroglífics de l'era moderna:
lavabos fluorescents i maniquins hieràtics, monstres de pedra,
fanals modernistes i esquelets d'animals. L'heura s'enfila
pels murs amb la traça d'un alpinista romàntic

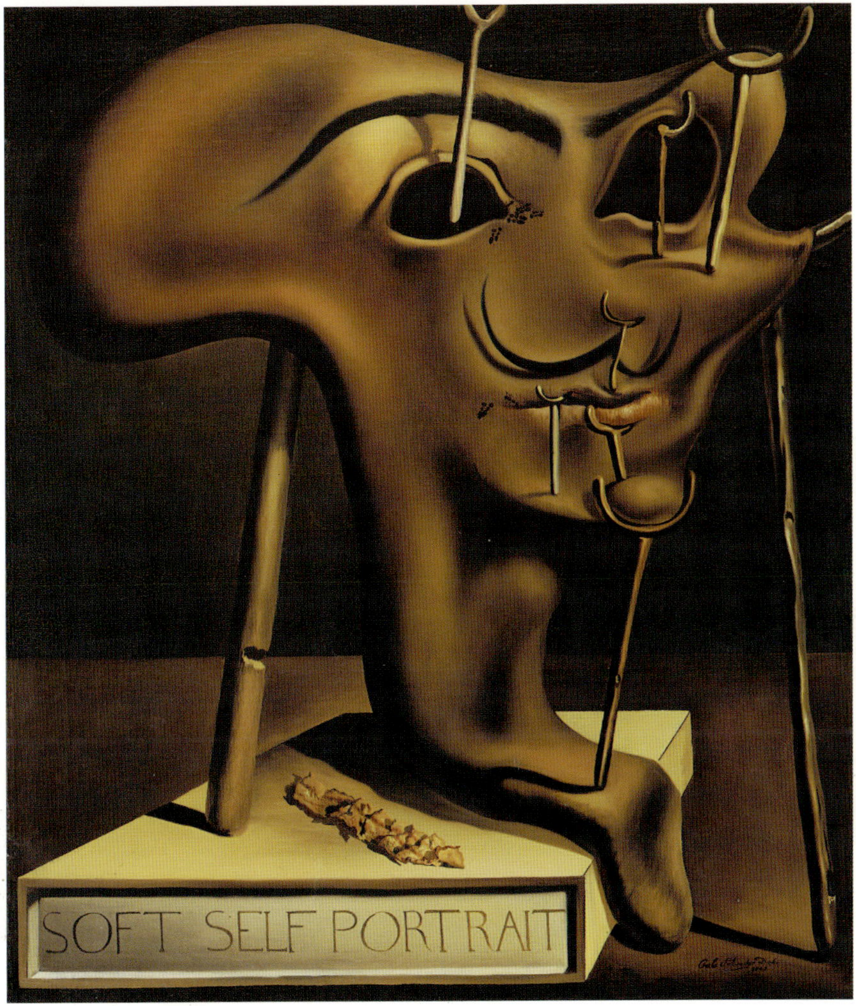

Autoretrat tou amb bacó fregit, 1941. Teatre-Museu Dalí, Figueres

El cos embalsamat de Salvador Dalí i Domènech,
artista incommensurable i Marquès de Púbol, reposa
a la cripta habilitada sota la cúpula. Un tità de cos foradat
vetlla el descans etern del seu creador. No pot evitar que
una llàgrima, amb forma de xiprer, llisqui per les seves galtes.

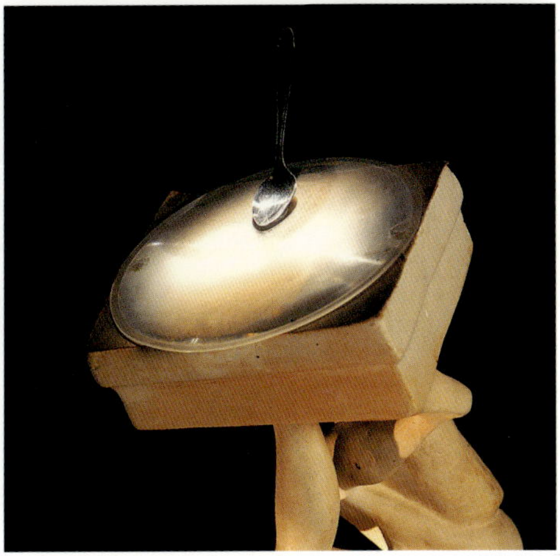

La cara de Mae West es va sotmetre a la cirurgia plàstica de Dalí. L'artista la va descompondre en peces per transformar-la en una sala d'estar de sabor dadaista. El seu entorn és una coctelera plena de referències iròniques al pop art, l'hiperrealisme i els assemblatges de Marcel Duchamp.

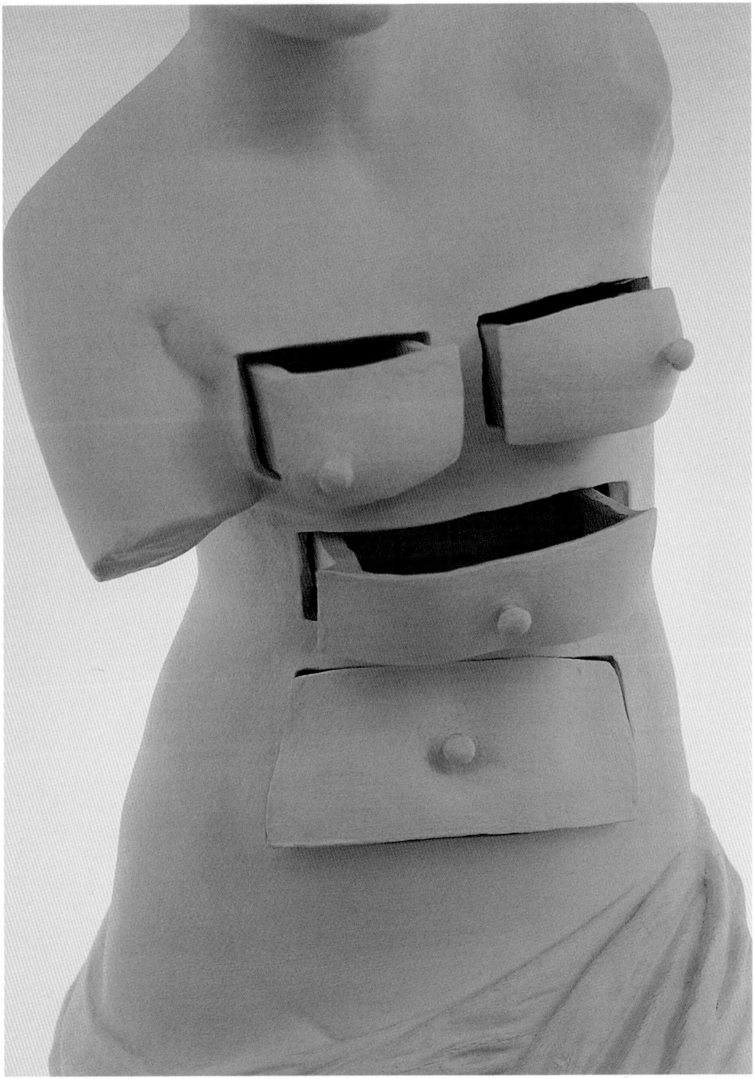

"Vull que el meu Museu sigui com un bloc únic, un laberint, un gran objecte surrealista. Serà un museu absolutament teatral. La gent que vingui a veure'l sortirà amb la sensació d'haver tingut un somni teatral"

Gala i Dalí, convertits en gegants, dansen una sardana sobre el cel de l'Empordà. Dels seus cossos, en sobresurten calaixos que vessen una pluja d'or sobre la comarca. El sostre de la sala Palau del Vent és una declaració d'amor de l'artista cap a la terra on va néixer. Els elements més representatius de la seva iconografia –des del Gran Masturbador fins als rellotges tous– desfilen pel fresc, amb tant de glamour com les estrelles de cine.

LOTERIE NATIONALE
TIRAGE 27 JANVIER
PRIX D'AMÉRIQUE
GROS LOT: 3000000 DE FRANCS

Les cambres annexes al Palau del Vent simbolitzen l'estudi i el dormitori del pintor. Ambdós recintes estan concebuts perquè els visitants, amb calma i paciència, hi descobreixin tresors, enigmes i jocs visuals que passaran desapercebuts als turistes més apressats.

La princesa de jade és una troballa d'arqueologia ciberpunk. En el cos d'aquesta mòmia robotitzada hi conviuen les plaques de mineral i els circuïts impresos. Al fons de la sala on reposa, s'hi reprodueix l'interior del Templet romà de Bramante, decorat amb escultures d'or dalinianes.

Dalí va experimentar amb l'holografia i la pintura en tres dimensions. Les seves obres estereoscòpiques mostren el seu interès per les ciències. Tal i com feien els mestres del Renaixement, l'artista va experimentar en camps diversos i va excel·lir com a dissenyador de joies.

La cadira, 1975
Teatre-Museu Dalí
Figueres

"QUAN CREO UNA OBRA, COPIO ABSOLUTAMENT DE LA MANERA MÉS HONESTA I FOTOGRÀFICA UNA DE LES MEVES VISIONS"

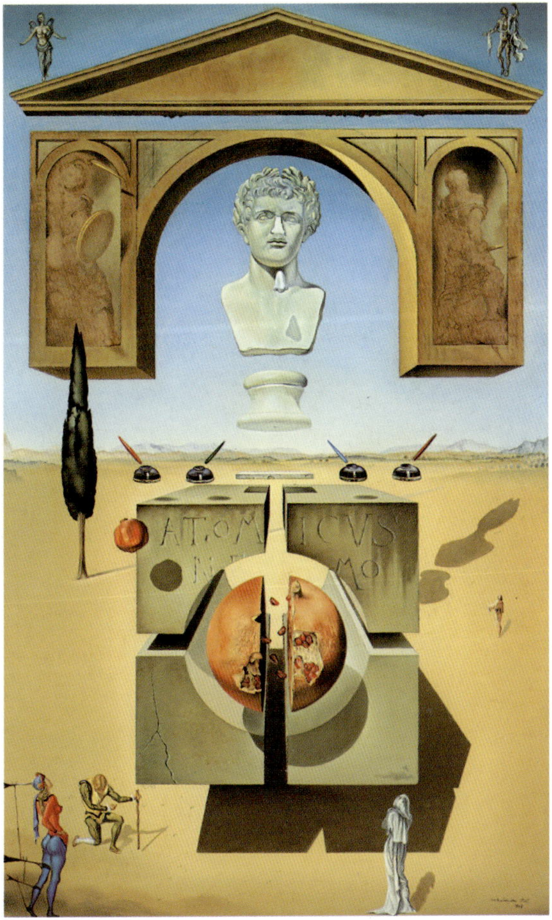

Desmaterialització del nas de Neró, 1947.Teatre-Museu Dalí, Figueres

El museu també acull l'obra de dos companys molt estimats per Salvador Dalí: els pintors empordanesos Antoni Pitxot i Evarist Vallès. Aquests dos homes, com el seu mentor, branden des dels seus llenços els estendards del surrealisme i la modernitat, aplicant-los sempre al microcosmos on viuen.

Segona Aresta:
PORTLLIGAT

Parets blanques vora l'aigua

La passió fulminant de Dalí per Cadaqués va ser un amor a primera vista. Una fal·lera sense remei. En els seus diaris de joventut, hi queda consignat el delit que el noi sentia per passar-hi les vacances estivals. Salvador repassava el calendari a cremadent, comptant els dies que faltaven per emprendre la marxa, igual que un reclús desgrana el rosari del seu captiveri.

La família Dalí havia començat a estiuejar a Cadaqués l'any 1908. El notari havia adquirit un estable rehabilitat dels Pichot a la platja del Llaner, molt a prop d'Es Sortell. La caseta blanca –aleshores gairebé l'única construcció de la zona– era a quatre passes de l'aigua i estava envoltada d'horts, oliveres i parets de pedra seca imponents. Era perfecta. El poeta Carles Costa, amic del notari, la va qualificar de "temple de la cordialitat i l'amistat", afegint que la seva presència en el Llaner deixava "una flaire de flors de l'esperit de les més fines".

Tot i la situació ideal, la casa només tenia una pega: no s'hi podia habilitar un estudi per al seu fill. El notari va resoldre la mancança llogant-li un petit espai a la punta d'en Pampà, al costat de Port Alguer. Es tractava d'una cambra espaiosa i atrotinada, situada a la part alta d'una casa de pescadors. Des del seu balcó es veia el mar i el cel, i Dalí podia admirar les barques que arribaven amb les veles inflades i grogues de sol. Allà s'hi passava tardes senceres, pintant fins que es feia fosc i apuntaven les estrelles.

En aquella època, un dels seus companys inseparables era el figuerenc Joan Xirau, la família del qual també estiuejava a Cadaqués. Ambdós corrien sorollosament pels carrers del pacífic poblet. Dalí era l'instigador d'idees "genials" com anar-se'n a dormir al cementiri, o ajaçar-se a terra i tirar enlaire grapats de pedres, per veure quantes els tocaven. Salvador també va fer amistat amb un jove poc usual, fill d'un dels pastissers de la botiga La Moreneta. El noi es deia Àngel Planells, era un lector àvid de Poe i tota mena de relats fantàstics, i feia uns dibuixos plens d'imaginació. Solia dibuixar-los a la taula de la fleca familiar. La serventa dels Dalí, que hi anava a comprar el pa, el va veure un dia fent gargots i li va explicar al fill del notari. Aquest, encuriosit, el va anar a trobar. Dalí i Planells van encetar una relació i uns interessos que, amb els anys, els durien a militar a les files internacionals del surrealisme.

A copia de treballar, les parets de l'estudi de la punta d'en Pampà van quedar cobertes de teles. Totes amb motius i vistes del poble. Dalí tan aviat reproduïa l'isolada Torre de les Creus, els voltants de les platges d'Es Sortell i Cala Nans, com la magnificència lluminosa de Port Alguer. També li agradava enfilar-se pels turons veïns i recrear, des d'un punt de vista enlairat, els casalots del poble i la badia amb la platja plena de barques. Molts anys després, el pintor confesaba que la bellesa d'aquest paisatge es devia a la seva estructura: "¡Cada turó, cada perfil rocós podrien haver estat dibuixats pel mateix Leonardo! Fora de l'estructura no hi ha pràcticament res. La vegetació és gairebé inexistent. Només les oliveres, molt petites, la planta groguenca de les quals, com cabell grisós i venerat, coronen els fronts filosòfics dels turons, arrugats per forats agostadors i corriols rudimentaris, mig esborrats pels cards."

Les descobertes geogràfiques del jove Dalí, però, no es limitaven al nucli habitat de Cadaqués. La família tenia una gran tirada a fer sortides i excursions en barca. El barquer dels Dalí era l'Enriquet, un pescador mandrós i extravagant. Salvador, però, li tenia força estima; sobretot des que aquest, en veure'l pintar una marina, li havia dit: "Les teves onades són exactament iguals que les de la mar, però en el teu quadre estan molt millor perquè... es poden comptar!"

Acomboiats en el vaixell per l'Enriquet, la família Dalí acostumava a posar rumb al Cap de Creus, on s'extasiaven davant les fantàstiques formacions rocoses, que brillaven com l'or vell. Cap de Creus era un paradís de cataclismes orogràfics, ple de penyes foradades i estoveïdes per l'embat del vent i la sal. Al petit Dalí li agradava enfilar-se al cim d'aquestes roques i assenyalar amb el dit la ratlla de l'horitzó. Passejar-se per aquell laberint de formes ciclòpies i erosionades era emocionant. La superfície d'aquells minerals li suggereix al cervell humà formes estrambòtiques. Les pedres deformades es converteixen en cares ganxudes, bèsties imaginàries o vegetacions prehistòriques. Els cadaquesencs, conscients dels miratges, havien batejat els roquissers més extravagants amb malnoms com el Camell, el Vell o el Frare.

Quan els Dalí desembarcaven a Cap de Creus, s'aturaven al pla de Tudela, un petit prat verd perdut entre els penyals, i dinaven a l'empara de la roca coneguda com l'Àliga. No gaire lluny d'allí, a Cala Cullaró, s'hi alça l'excrescència mineral que acabaria servint de model per a l'obra *El Gran Masturbador* (1929). Dalí sempre va ser un devot d'aquest racó de món tan feréstec. En el *Diari d'un Geni* asseguraria: "El lloc més bell de la Mediterrània es troba exactament entre el Cap de Creus i l'Àliga de Tudela. La bellesa suprema de la Mediterrània s'assembla a la de la mort. Els penya-segats paranoics de Cullaró i Francalós són els més morts del món. Cap de les seves formes no va ser jamai vivent ni actual". I en això el pintor tenia raó: passejar-se per Cap de Creus equival a immergir-se en un planeta alienígena, hostil i prehumà. Dalí va encomanar a Buñuel la fascinació pel pla de Tudela. L'aragonès el va adoptar com a plató cinematogràfic, per rodar-hi algunes de les escenes més polèmiques del film *L'Âge d'or* (1930).

Amb el temps, Dalí va deixar la Punta d'en Pampà per instal·lar-se a la casa del Llaner, on va disposar d'estudi en una cambra del segon pis. Aleshores, però, la caseta blanca havia deixat d'estar sola. De mica en mica, la zona s'havia convertit en el barri de moda i, l'any 1923, hi havien començat a proliferar les residències d'estiuejants. Cadaqués començava a fer-se un lloc entre els turistes amb possibilitats. I aquest seria el poblet que va conèixer el poeta Federico García Lorca, la Setmana Santa de 1925, en ser convidat pels Dalí. Amb Salvador i Anna Maria fent-li de cicerone, Lorca va beure garnatxa i menjar crespells –uns bunyols dolços i ensucrats–; va conèixer pescadors i la famosa Lídia –el van fascinar tant els seus raonaments sense solta ni volta, que se'n va endur un retrat a Granada–. Durant aquelles vacances breus, l'escriptor va quedar seduït per la visió del "mar llatí" i el seu "magnífic desert de vinyes i oliveres".

García Lorca repetiria la visita a Cadaqués l'estiu de 1927. Li agradava moltíssim viatjar en barca fins a Tudela; allí hi menjaven conill i feien la migdiada al recer d'una gran roca buida. Algun matí, mentre Salvador es tancava a l'estudi, Federico i Anna Maria s'arribaven a la platja d'Es Sortell, on recollien pedres, fòssils i vidres polits i els duien al pintor perquè els incorporés als seus quadres. Cada diumenge, Federico i Anna Maria se n'anaven a missa. La barreja dels càntics i la música de l'orgue, sumada a la visió del barroquisme de l'altar major de l'església, gairebé feia levitar el poeta. A la sortida, s'arribaven fins a La Mallorquina per comprar uns peixets de pasta de full. El cert és que la presència de Federico va aportar un encant i una alegria irrepetibles a aquelles vacances. I, quan els va haver de deixar, reclamat pel seu pare, tota la família Dalí va sentir l'adéu com una pèrdua veritable.

L'estiu de 1929, en canvi, va tenir un to completament diferent. Va suposar una revolució i una trencadissa: a primers d'agost, Gala va irrompre en el microcosmos dalinià per no sortir-ne mai més. Helena Ivànovna Diakonova, el seu marit Paul Eluard, i la seva filla, Cecile, van arribar a Cadaqués i van prendre una cambra a l'hotel Miramar. L'aparició de Gala va ser com la d'un flaix lluminós. Quan Dalí la va veure amb vestit de bany, a la platja del Llaner, en va quedar encisat. Va ser un enamorament instantani i expansiu. Tot i que Gala el rebutjava al principi, pels modes extravagants amb què pretenia cridar-li l'atenció, molt aviat es van fer íntims. Luís Buñuel va ser testimoni involuntari d'aquest romanç. L'aragonès s'havia instal·lat a cals Dalí, amb la intenció de treballar amb Salvador en el guió del film *L'Âge d'or*, però, degut a l'enlluernament de l'artista, els plans laborals van quedar arraconats.

Paul Eluard no va trigar gaire a deixar Cadaqués per tornar-se'n a Paris. Cecile i Gala es van quedar. Com que l'atracció entre el pintor i la russa casada anava en augment, hi va haver un cisma entre els Dalí, ja que el notari i Anna Maria s'hi oposaven de ple. En aquell turbulent mes d'agost, el periodista Josep Maria Planes va visitar Cadaqués i la casa del Llaner, però tot aquest rerefons li va passar per alt. El que si va constatar va ser la hiperactivitat del jove: "Es lleva molt de matí, en unes hores, a la nostra manera de veure, absolutament intempestives; i es posa a treballar com un desesperat. Es pren el temps just per banyar-se i per torrar-se sota d'un sol de justícia".

Gala i Cecile van abandonar Cadaqués a finals de setembre. Dalí va retrobar la seva musa a París, on, el 20 de novembre, inaugurava una exposició a la galeria Goemans. Entre els quadres hi havia la peça titulada *El sagrat cor* (1929), que contenia la frase: "A vegades escupo per PLAER al retrat de la meva mare". Quan el notari i Anna Maria van saber-ho, van muntar en còlera. El notari va expulsar Salvador de Figueres, però li va permetre que anés a reflexionar a Cadaqués on, amb Luis Buñuel, van continuar escrivint el guió de cinema. Al cap d'uns quants dies, Dalí rebia una carta del pare on el condemnava a un desterrament irrevocable de la llar familiar. En resposta, el pintor es va tallar els cabells i els va enterrar a la platja del Llaner. Després, es va afaitar al zero i es va retratar amb una garota al cap. S'havien acabat els plàcids estius a la caseta blanca. Portlligat era a punt d'entrar en escena.

Una casa d'ànima surrealista

Entre la confusió i la meravella

La Casa-Museu Salvador Dalí de Portlligat és una joia irrepetible: és un fabulós exemple de llar surrealista. Visitar-lo ens permet imaginar el que hauria pogut succeir en els camps de l'arquitectura, l'interiorisme, la decoració i el disseny, en el supòsit que aquesta revolució estètica hagués triomfat i s'hagués pogut aplicar sense escarafalls a la vida quotidiana.

Com va passar amb altres projectes dalinians, la identificació de l'artista amb la residència i l'entorn va ser total: "No sóc a casa meva sinó és en aquest lloc -assegurava–; en qualsevol altre només hi estic de pas". Fora d'aquest hàbitat, el pintor se sentia tan desprotegit com una tortuga sense closca. A una persona normal, en canvi, viure en aquell complex laberíntic li podria resultar insofrible. La superposició d'elements desiguals i el seu bigarrament compulsiu, sumat a l'estretor dels passadissos i les dimensions reduïdes d'algunes cambres, poden generar desassossec en els esperits més impertorbables. La seva decoració sembla basada en el lema "Un polsim de cada cosa'. El surrealisme més extrem, el classicisme més sobri i el kitsch més aberrant s'hi agermanen, obeint la següent màxima: "El mal gust és el més creatiu que existeix. El bon gust, que és tot el francès, resulta estèril". Dalí *dixit*.

Per entendre el to general de l'habitacle, n'hi ha prou de fer una ullada a la primera estança, el Rebedor de l'ós. La cambra es diu així perquè la custodia un ós dissecat, regal d'Edward James a la parella. La bestiola, corpulenta i arnada, carrega una làmpada feta amb una gambina; però, com que la funció il·luminadora es devia considerar insuficient, l'animaló també compleix les funcions de paraigüer, portacartes i arcabussaire. La fera, de fet, és una bona metàfora del zel amb què els Dalí preservaven la seva intimitat: eren uns amfitrions excel·lents, però no permetien mai que ningú es quedés a pernoctar al seu refugi. Darrera l'ós, un mussol enravenat treu el bec. Ambdues bèsties testimonien el gust de l'artista per la taxidèrmia, una passió que trobarem present a altres cambres. "Aquí, en aquesta casa, tot està dissecat", explicava el pintor amb sorneguería, referint-se a la decoració reiterativa de semprevives, una de les flors preferides de Gala.

Davant la profusió de tants contrastos decoratius, d'objectes que ens meravellen i ens confonen alhora, sorgeix una pregunta inevitable: ¿Quin criteri seguien Gala i Dalí a l'hora d'amuntegar aquests elements tan heterogenis? La veritat no la sabrem mai. Només podem intuir que aquest apilotament respon a una mitologia personal, privada i obsessiva. Una prova la tenim en el menjador: amb una llambregada ràpida, hi descobrim canelobres, catifes d'espart i ornaments marins; però el que ens crida de veritat l'atenció són les cadires de balca, de mides diferents, situades vora la llar de foc. Sobre cadascuna d'elles hi ha una gorra de cop, de palla, d'una mida proporcional a la cadira. ¿Aquesta composició, té algun significat ocult? La resposta, potser, la trobem al *Diari d'un geni*. Segons hi explica Dalí, el 6 de setembre de 1956, es va comprar deu gorretes de cop a Figueres, perquè s'havia donat una patacada al cap. El pintor afegia: "De tornada, col·loco els cascos en diferents cadires d'altura distinta que Gala havia comprat per la seva banda. La vista quasi litúrgica d'aquesta disposició em produeix un lleuger inici d'erecció. Pujo al meu estudi per resar i donar gràcies a Déu. El que acabo de fer és el maridatge més harmoniós de tots els maridatges possibles". Aquesta associació d'idees ens demostra que, darrera de qualsevol aspecte de la llar, hi ha una lògica estranya i delirant.

Cal recordar que aquests maridatges extravagants són, tot sovint, el resultat de la fusió de l'alta cultura i la cultura popular, una doctrina que Dalí va pregonar sempre. Els interessos intel·lectuals de l'artista, vastos i heterodoxos, quedaven molt ben reflectits a la nodrida biblioteca de la casa. La posició econòmica de la seva família, afegida al fet que el seu oncle Anselm Domènech regentava una llibreria a Barcelona, van facilitar la seva passió llibresca. La profusió de volums existent a Portlligat va sorprendre l'escriptor Josep Pla: "La primera vegada que els vaig veure vaig quedar parat, perquè en els domicilis o tallers dels pintors no n'havia vist pràcticament mai cap". Dalí, un cop més, era l'excepció a la norma.

El treball i el lleure

Salvador Dalí es prenia la seva feina amb una seriositat desmesurada. Per això, no ens ha de sorprendre que el taller sigui una de les cambres més importants del complex. Era el lloc on el pintor es concentrava, s'abstreia del món i realitzava unes jornades laborals maratonianes. Tot i que abans havia treballat en altres espais de la casa, a partir de 1950 va poder disposar d'aquest taller definitiu. La cambra, tranquil·la i ben il·luminada, encara conserva el testimoni mut de cavallets, bastidors, pinzells i dissolvents.

L'habitació té dues finestres; la frontal dóna a la badia de Port Lligat, tancada per la silueta elegant de Sa Farnera, i la lateral s'orienta cap al nord. En aquesta cambra, proveït dels estris imprescindibles, Dalí hi va consumir una bona part de les hores de la seva vida. Era un treballador compulsiu. Començava amb la sortida del sol i no arraconava la paleta fins que la claror desapareixia rere el Pení. Només es permetia fer pauses per banyar-se, dinar i fer la migdiada. Per distreure'l dels aspectes més mecànics de la feina, Gala acostumava a fer-li lectures en veu alta.

Al costat del taller, en l'Habitació dels Models, hi ha més eines, aparells òptics i una amalgama d'objectes ben diversos. S'hi pot descobrir un petit bust de guix, que representa l'emperador Neró. L'estatueta va servir de model per l'obra *Desmaterialització del nas de Neró* (1947), feta quan Dalí estava fascinat per la fusió nuclear. Val la pena comparar les dimensions esquifides del bust i la magnificència del resultat pictòric. L'artista, quan s'ho proposava, sabia treure-li partit fins i tot a una engruna de pa.

Al marge del taller, la majoria de les cambres de la casa estan habilitades per als quefers específics de la vida diària. L'única peça que s'escapa d'aquestes directrius és la Sala Oval, que conforma el territori privat de Gala. És el seu espai íntim, de plaer i de lleure, on llegeix i rep visites distingides. L'habitació, construïda el 1961, és semiesfèrica i té una acústica reverberant i fantasmagòrica. L'estructura s'inspira en un disseny dalinià concebut per a una sala de festes nord-americana, que havia de tenir forma de garota. Gala es va enamorar del projecte i en va exigir una adaptació casolana. L'artista la va complementar amb un banc entapissat, que ressegueix la paret, i una llar de foc flanquejada per ullals d'elefant.

La Sala Oval és una de les poques cambres de la casa que té porta, i encara queda camuflada per un plafó. Per accedir al sancta sanctorum secret de Gala, cal travessar un tocador auster i l'habitació de les fotografies, una peça on els armaris estan empaperats amb fotos i retalls de revistes, on la parella apareix en companyia de personatges de tota mena. Pel pintor, penjar aquestes imatges a les parets, en comptes de recloure-les en àlbums, era una forma de tenir presents les persones.

Totes les fotos copsen amb claredat l'activitat pública de Dalí i Gala. Tenint en compte la importància que ambdós concedien a les relacions socials, sembla lògic que els espais externs de la casa s'encaressin a la vida mundana i la glorificació del lleure. Un dels racons amb més encant de la finca s'anomena Via Làctia. S'hi accedeix per la terrassa i el seu nom prové de les lloses emblanquinades que condueixen fins a una petita cala, la platja d'En Sisó, on la parella solia banyar-se. El trajecte és resseguit de magraners, que donaven una de les fruites preferides del pintor. Qui sap si aquesta passió va ser esperonada el llunyà 1913, quan el seu pare va comprar una natura morta, obra de Ramon Pichot, titulada precisament *Magranes*.

Més amunt de la terrassa hi trobem el pati. S'hi arriba per uns laberints construïts a la roca, que amaguen un petit menjador d'estiu. Fora del passadís, sortim al pati on Dalí i Gala convidaven les visites a xampany rosat o celebraven sopars a l'aire lliure. Entre els elements ornamentals destaquen dues jardineres grandioses, amb forma de tassa. També hi ha una reproducció de l'Ilisos de Fídies, creada per al Partenó de l'Acròpoli d'Atenes. Dalí va fer aparèixer aquesta peça escultòrica a l'oli *Figura rinoceròntica de l'Ilisos de Fídies* (1954), on el tors atlètic es desintegra sobre la badia de Cadaqués, al davant del popular illot d'Es Cucurucuc.

La part posterior del pati comprèn la zona de la piscina, construïda l'hivern de 1967. La piscina és famosa per la seva forma descaradament fàl·lica, pel conjunt de brolladors que l'envolten i el templet que la corona, basat en l'embalatge d'una ràdio. El pastitx escenogràfic del conjunt escapa a qualsevol taxonomia: dues fonts de lleons conviuen amb un sofà labial, rètols dels pneumàtics Pirelli i reproduccions de Bibendum, la mascota de Michelin.

Si en comptes d'anar cap a la piscina seguim el laberint, arribarem a l'olivar que tanca els límits de la propietat. Allí hi ha una curiosa instal·lació escultòrica, el *Crist de les escombraries*, feta amb les restes d'un aiguat. Però, sens dubte, la presència més poderosa és la del colomar de les forques, coronat per un ou monumental. A Dalí li agradava contemplar els ocells cap al tard, quan voleiaven arran dels teulats. "En els grans esdeveniments o en les grans inauguracions –deia– es deixen anar estols de coloms; nosaltres els tenim cada dia". L'atreien perquè eren el símbol de la pau i pel fet que un colom, transportant un branquilló d'olivera, hagués anunciat la fi del diluvi universal. Dalí afirmava en to seriós: "Nosaltres, aquí, tenim els dos elements: coloms i oliveres; per això podem estar tranquils, perquè a Portlligat la pau està assegurada". Pau i seguretat. Això era el que havia vingut a buscar el pintor. Les va aconseguir gràcies a la presència de Gala i les parets blanques que els aixoplugaven.

Un refugi a Portlligat

Tot i haver trencat els vincles amb la seva família, Dalí no volia renunciar al lligam espiritual i tel·lúric que l'unia amb Cadaqués. A París, on s'havia refugiat amb Gala, es va recordar d'una barraca de la badia de Portlligat, on solia guardar-hi els estris de pintura. Portlligat és un espai de mar de fondària escassa, tancat per l'illa de Sa Farnera per la part de llevant. En aquella època era un erm. Servia de base d'operacions a una colla reduïda de pescadors, que acostumaven a estendre les xarxes a la platgeta.

La propietària de la barraca que interessava Dalí es deia Lídia. Era una peixatera il·luminada que, segons el pintor, "posseïa el cervell paranoic més magnífic, fora del meu, que hagi conegut". Els fills d'aquesta dona singular usaven la caseta, que tenia el sostre enfonsat, per deixar-hi els ormejos de pesca. L'artista va contactar amb Lídia, la qual va accedir a vendre-li l'espai i cuidar-se de les reparacions mínimes, de manera que aquell catau, d'uns 22 metres quadrats, pogués ser habitable quan la parella tornés de París.

Salvador i Gala van comparèixer a Cadaqués el març de 1930 davant la fúria del notari, que els va posar tota mena de traves. La parella, que viatjava carregada de maletes i estris, no ho va tenir fàcil per arribar al lloc. Anar en cotxe fins a Portlligat era impossible: passada l'ermita de Sant Baldiri i els murs del cementiri, només hi havia un caminet de cabres rocallós i impracticable. La parella va haver de transportar una part de l'equipatge en la barca d'un pescador; la resta hi va arribar després, a cavall d'una mula.

L'artista i la seva companya van constatar que la barraca tenia les condicions d'habitabilitat mínimes, però si volien aigua potable l'havien de bombejar a un pou proper. Tampoc no hi havia llum elèctric i s'il·luminaven amb làmpades de petroli. L'única cambra de la caseta complia les funcions de saló, dormitori, cuina i taller. Els Dalí es van instal·lar a la seva nova llar i només s'arribaven a Cadaqués, en barca, per proveir-se dels productes que els faltaven. Les seves visites al poble eren esporàdiques: es passaven setmanes sense anar-hi i s'alimentaven dels llenguados, les sardines i les llagostes que els venien els pescadors. Aquests van ser l'única companyia dels Dalí en aquells temps difícils. De nits, la badia estava deserta i silenciosa. El parpelleig tímid de la seva làmpada de petroli, encesa de vegades fins a altes hores de la matinada, era l'únic vestigi d'humanitat perceptible.

El 20 d'agost es va oficialitzar la compra de la barraqueta a Lídia –gràcies a un cop de mà econòmic del vescomte de Noailles–, i el 22 de setembre el pintor n'adquiria una altra de molt propera. En una entrevista feta a París, a finals d'any, el figuerenc remarcava la importància del seu refugi: "D'aquí quinze dies torno a Portlligat, on he construït una casa diminuta tota de níquel, vidre i hule on tinc la intenció de passar un gran període de treball".

I efectivament, així va ser. Portlligat es va convertir en el seu recer espiritual, en la residència oculta on s'isolava per treballar sense destorbs. A partir d'aleshores, la mar quieta i estancada, les crestes arrodonides de Sa Farnera, el petit moll dels pescadors i la torre d'un molí vell, encimbellada sobre el turó que tanca la badia, es convertirien en actors omnipresents de l'escenari dalinià. A l'artista li agradava dir: "A Portlligat m'ocupo del meu hort, de la meva barca, és a dir, de la tela que estic acabant, com un bon obrer, cobejant coses simples: menjar sardines a la brasa i passejar-me amb Gala al llarg de la platja, a la vesprada, mirant com les roques gòtiques es transformen en malsons de nit".

El 1932, els Dalí es van arreglar la segona barraca i des d'aleshores, al llarg de quaranta anys, la casa s'ampliaria i es transformaria segons les necessitats dels seus propietaris. De mica en mica, la parella es va anar comprant les casetes veïnes per annexionar-les al seu edifici. Van interconnectar els habitatges, convertint-les un microcosmos de planta laberíntica, confusa i envitricollada. La Barraca del Rellotge, anomenada així pel seu rellotge de sol, també va ser una adquisició remarcable. El pintor se la va quedar per mantenir-la en el seu estat original, tal i com l'havia reflectida en alguns llenços –*Migdia* (1954)–. La barraca, amb la façana de pedra seca encara inalterada, acull actualment la consigna de la Casa-Museu.

Després de moltes dècades d'obres i remodelatges, Dalí va acabar bastint una construcció poc usual i sorprenent, però que s'integra a la perfecció en el seu entorn. Se la veu genuïna i autèntica, de la terra. Resultaria falsa i errònia en qualsevol altre racó del litoral.

La primera vegada que es visita aquest complex blanc i resplendent, és impossible no quedar-ne bocabadat. Mentre el cotxe deixa enrera l'ermita de Sant Baldiri, dels xiprers i les oliveres sobresurten, com fantasmagories arqueològiques, un colomar eriçat de crosses, dos caps descomunals i uns ous gegantins. El visitant rep la informació a llambregades, mentre té la impressió d'acostar-se a un indret on li serà revelat algun arcà enigmàtic. Aquesta sensació s'accentua en arribar vora les aigües i descobrir, ben bé davant la residència de l'artista, un xiprer vigorós que emergeix de l'interior d'un llagut esbotzat. Aquest tòtem pagà, on es fonen el mar i la terra, és l'encarnació de l'oli *Aparició de la meva cosina Carolineta a la platja de Roses – Pressentiment fluídic* (1934). La seva funció és avisar-nos que som a punt d'endinsar-nos per una Terra de Meravelles. I que cal tenir els sentits afinats.

Si ens sentim massa impressionats per l'indret –sobretot si la climatologia ens és propícia i hi ha un núvol màgic flotant sobre la badia–, podem recolzar-nos a la font blanca, i deixar que l'aire fresc, l'aspror del salnitre i el pessigolleig de la calma ens omplin els sentits. Per si no ho sabem, la font que ens dóna suport té la seva història: apareix en obres tan rellevants com *Retrat de Gala amb dues costelles de xai en equilibri sobre l'espatlla* (1933), i servia de punt de trobada dels hippies al·lucinats que, als anys setanta, veien en Dalí un cosí germà i una mena de gurú.

La contemplació del mar tancat ens pot generar un sentiment melancòlic. No és rar que el pintor decidís reforçar aquest efecte plantant-hi xiprers, per aconseguir una alenada de romanticisme que recordés l'obra d'Arnold Böcklin *L'illa dels morts* (1880). Per subratllar l'aparença de llac artificial i enigmàtic de la badia, la parella va tenir diversos cignes que nedaven entre les onades. La feliç conjunció dels cignes, el cos nu de Gala i les aigües plàcides donarien com a resultat el magnífic quadre *Leda atòmica* (1949). Obsessionat a amplificar l'atmosfera misteriosa del paratge, Dalí va anunciar, a finals dels anys cinquanta, el seu desig de deixar anar dos rinoceronts per la platja, davant el desconcert dels cadaquesencs de tota la vida.

Sigui com sigui, Portlligat va aportar un plus de misticisme indiscutible a l'obra del pintor. Si en un principi li va suggerir al·lucinacions geològiques, cossos en liqüefacció i objectes estireganyats, procedents del llots i els abismes del subconscient, amb el pas dels anys, tots aquests trets pertorbadors serien arraconats per icones de la imatgeria cristiana. Aleshores, l'artista va convertir la gens virginal Gala en una mena de deïtat tutelar de la badia, ara en forma de serafí, ara fent de madona. Portlligat esdevindria un escenari edènic, on àngels i pescadors conviuen vora el moll, o un Crist crucificat –el *Crist de Sant Joan de la Creu* (1951), sobrevola la barca groga de Gala.

L'espiritualitat i l'harmonia de l'indret, és clar, estaven lligades a la solitud que s'hi experimentava. Dalí solia dir: "Portlligat és una mena de cel·la de presó que em deixa estar sol amb mi mateix". Però la massificació del turisme va acabar amb aquesta invulnerabilitat. Eixams de totes les nacionalitats hi acudien, atrets pel glamour del mestre. Els turistes van acabar amb la placidesa paradisíaca del refugi. A principis dels setanta, Dalí explicava, la seva fórmula magistral per eludir els nouvinguts: "Els turistes fins i tot em segueixen a l'hora del bany. Però he trobat la manera de banyar-me sol. Als estrangers no els agraden les algues. I he trobat una cala solitària plena d'algues. Allà sóc feliç. Al principi em molestaven una mica. Ara m'encanta sentir com les algues m'acaronen les cames i la pell. De tal manera que, des d'ara, no em podré banyar a casa si no em tiren fideus a la banyera". La recepta sembla infal·lible.

L'esplendor mariner de Cadaqués ha deixat un pòsit perceptible a la seva badia. Les embarcacions sempre hi fondegen amb la convicció de ser ben rebudes. Terra endins, la blancor enlluernadora de les cases i els mosaics de pedra en rastell conformen un urbanisme net i senzill, d'efectes benèfics.

Port Alguer, 1923-24. Teatre-Museu Dalí, Figueres

La idiosincràsia de la vila ha anat madurant amb el pas del temps. Des de fa dècades, les joves ja no es passegen amb el doll al cap i els bussos han desaparegut. El turisme ha canviat alguns hàbits, però el Casino manté la seva funció de punt de trobada amical.

ANTONIO
3ª-TA-3-2508

Es Cucurucuc, com una banya de rinoceront sorgint de les aigües, és un dels illots més magnètics de la badia cadaquesenca. Dalí el va convertir en un símbol enèrgic de la Mediterrània, del paisatge amb el qual somiava quan vivia fora de Catalunya.

Figura rinoceròntica de l'Ilisos de Fídies, 1954. Teatre-Museu Dalí, Figueres

La festa a l'ermita, 1921. Teatre-Museu Dalí, Figueres

L'artista estava fascinat per les festes anyals que se celebren a l'ermita de Sant Sebastià. Dalí va consignar en el seu diari de joventut la impressió que li van causar els balls i els cants de les "patacades", unes composicions de caire satíric, dedicades a personatges coneguts del poble.

Les cales i platgetes de Cadaqués, plenes de codols rodons i castigats per les forces atmosfèriques, van ser l'escenari quotidià dels somnis del pintor. Les seves aigües clares, blaves i netes es van convertir en un mirall perfecte per reflectir-hi espectres, obsessions i deliris al·lucinants.

La desintegració de la persistència de la memòria, 1952-54
Salvador Dalí Museum, St. Petersburg, Florida (EUA)

Leda atòmica, 1949. Teatre-Museu Dalí, Figueres

Les garotes van ser el premi amb què el pare de Salvador Dalí va felicitar el seu primer triomf artístic. Des d'aleshores, aquests animalons marins van fer acte de presència a la vida i l'obra del pintor, servint-li de model per a quadres, dissenys arquitectònics i teories estètiques. La pesca de garotes és una tradició molt arrelada a Cadaqués.

Madonna de Portlligat, 1949
Haggerty Museum of Art, Marquette University, Milwaukee, Wisconsin (EUA)

"DIFÍCILMENT HI HA CAP LITORAL TAN ENCANTADOR AL MÓN, AMB AQUESTA GRANDIOSITAT MINERAL I GEOLÓGICA"

L'ESPECTRE DEL SEX-APPEAL, 1932. Teatre-Museu Dalí, Figueres

Els roquissers del Cap de Creus, tallats per la sal marina i la tramuntana, fan néixer formes sorprenents en la retina dels visitants; formes d'on Dalí va treure la matèria primera de molts quadres. L'artista se sentia tan identificat amb l'indret que deia ser l'encarnació d'aquest paisatge.

El gran masturbador, 1930. Museo Nacional Centro de Arte Reina Sofía, Madrid

El nas de Napoleó transformat en dona encinta passejant la seva ombra malencòlica entre les ruïnes originals, 1945
Fundació Gala-Salvador Dalí, Figueres

La capella de Sant Baldiri, resguardada pels xiprers, franqueja el pas cap al bell cementiri cadaquesenc.
Al seu campaneret hi dansa una noia-campana, una icona omnipresent a la cosmogonia de l'artista.
La peça va ser un regal del mateix Dalí, que veia en l'ermita el portal d'arribada a Portlligat.

“Necessito ser a Portlligat, veure els mariners, el color dels olivets i del pa, sentir el paisatge, amb la seva unció i la seva pau interiors”

El deslletament del moble aliment, 1934
Salvador Dalí Museum, St. Petersburg, Florida (EUA)

3BA.6.331

La barca i el xiprer revelen la fascinació que sentia el pintor pel paisatge del mar i la terra. Aquest emblema va figurar en els seus quadres, com una icona enigmàtica, avarada al bell mig de platges sorrenques, recorregudes per figures fantasmagòriques i personatges desorientats.

Retrat de Gala amb dues costelles d'anyell en equilibri sobre la seva espatlla, 1933
Teatre-Museu Dalí, Figueres

Els geps minerals que tanquen la badia de Portlligat li confereixen la sensació d'un llac tranquil, serè i isolat; un racó de món, on l'espai i el temps cristal·litzen amb placidesa. Els cabells platejats de les oliveres li donen la pàtina dels antics indrets mitològics, associats als Déus olímpics.

La casa de Portlligat demostra que l'estètica delirant del pintor era aplicable a l'arquitectura popular catalana, el disseny industrial i l'interiorisme. Els resultats,però, són heterogenis i sovint incomprensibles. La mitologia privada de Dalí i Gala es combina amb un gust molt personal, llampant i un pèl obsessiu.

PLAZA DE TOROS
FIGUERAS
SABADO
SAMEDI
SATURDAY
SAMSTAG
SALVADOR DALI
CORRIDA
SALVADOR DALI
PACO
CAMINO
TOROS, 6
GIRON
PACO
CAMINO
Precios

Els cignes de la biblioteca havien viscut moments de glòria a les aigües de la badia. El pintor els va voler conservar dissecats. La taxidèrmia li suggeria una idea de continuïtat, de permanència.

Dalí explicava que ell i Gala eren fills de Júpiter i Leda. Havien nascut d'uns ous com els que decoraven el seu jardí. Tan bon punt van trencar la closca que els recobria, es van convertir en germans immortals.

Una porta, en forma de triangle escapçat, ens anuncia el taller de l'artista.
Els objectes de l'estudi evoquen el laboratori d'un alquimista modern.

Els instruments d'òptica van ser eïnes molt usades per l'artista, sempre a la recerca de poder representar el món en que vivia amb una qualitat similar a la de un diorama de tres dimensions. En Dalí es fonen l'ideal de l'home del Renaixement i l'avantguardista del segle xx.

Els maniquís van ser una presencia recurrent a l'obra de Dalí.
Als anys 30, els usava per representar la "dona surrealista", una maniquí amb un cap de roses vermelles, i "la dona espectral", una maniquí desmuntada en peces.

El dormitori de la parella està en un lloc enlairat, per gaudir millor del paisatge. Set escalons porten a la sala dels ocells,on conviuen les gàbies i una banqueta entapissada amb el retrat del Papa Joan XXIII. La superposició d'espais és fruït de l'aprofitament que Dalí fa de vàries barraques de pescadors per construir la seva llar.

"Cap dels palaus de Lluís II de Baviera va despertar en el seu cor l'angoixa que aquesta caseta va encendre en el cor de Gala i el meu"

L'austera cambra de bany mena cap a l'habitació de les fotografies. Allí, disposades sobre les portes dels armaris, s'hi exposen fotos i retalls de premsa que acrediten el triomf social de la parella. El pintor preferia tenir els retrats a la vista, en comptes de tancar-los a dins d'àlbums.

Els patis de la mansió daliniana, on regnen les oliveres sumptuoses, són un divertit aiguabarreig de classicisme mediterrani i passadissos laberíntics. La parella hi celebrava festes i sopars animadíssims, bressolats per les aromes del romaní i l'espígol.

14

PIRELLI

El pop art més castís i el kitsch més tronat s'agermanen sense vergonya als jardins de Portlligat. Dalí no tenia manies a l'hora d'agermanar l'alta cultura amb les icones més populars i més banals. Aquest fet, junt a les seves dots espectaculars per l'autopublicitat, el va convertir en un autor postmodern *avant la lettre.*

PIRELLI
PIRELLI
PIRELLI

La piscina i el seu entorn són una versió, subjectiva i contemporània, dels famosos jardins de l'Alhambra de Granada. La forma fàl·lica de la piscina, rematada per un templet, solia fer néixer un somriure a la cara dels convidats més atents.

Tercera Aresta:
PÚBOL

Un castell per a Gala

L'univers creatiu de Salvador Dalí, la font més directa de la seva inspiració, es concentra a l'Alt Empordà. Malgrat això, com ja hem apuntat abans, el pintor sempre va mantenir vincles amb la geografia i les persones de la comarca veïna. Aquesta, coneguda també com l'Empordanet, està delimitada per la serra de les Gavarres, al sud-oest, i el massís del Montgrí, al nord. Vora la costa del Montgrí hi emergeixen les Medes: set illots rocallosos, rics en fauna submarina. Dalí solia autoproclamar-se 'senyor' d'aquestes illes, amb un tel de nostàlgia, davant els periodistes de Nova York.

El Baix Empordà, en conjunt, és un territori més arrodonit i suau que el seu germà gran. El cel, potser, hi queda més encaixonat i, si exceptuem les planúries que voregen el riu Ter, ens trobem amb un terreny farcit d'ondulacions i petits promontoris, pigallats d'alzines i pins. Per admirar aquest tapís de fils grocs, torrats i verds, que avança cap al Mediterrani, val la pena pujar fins al santuari dels Àngels. En aquesta ermita, Dalí i Gala s'hi van casar el 8 d'agost de 1958, en una cerimònia íntima i ultrasecreta. No deixa de ser contradictori que un amant de la publicitat gratuïta com el pintor s'ocultés així dels focus i la premsa. Fins avui no es coneix cap imatge gràfica de l'acte, però la parella va posar, al dia següent, per al fotògraf Meli i va penjar la imatge de record a Portlligat.

Aquesta discreció insòlita, aquest defugir els flaixos i les càmeres, prefiguren el que Gala vindrà a buscar a l'Empordanet una dècada més tard. Aleshores, la musa ja té 74 anys i se li han acabat les ganes de fer relacions públiques. Ja no se sent tan còmoda a Portlligat. Vol solitud i calma. Necessita un recés propi, on desconnectar de l'entorn del geni i poder estar a soles amb els seus acompanyants. Quan Dalí es posa al corrent d'aquests desitjos, decideix complaure-la i li anuncia a un amic, el constructor Emili Puignau, que vol comprar un castell a la seva dona.

La fantasia de tenir un castell, el pintor l'arrossega des de fa molt de temps: als anys trenta, ja havia promès a Gala que li compraria un palau a la Toscana. El 1948, Dalí recupera la idea: reparteix fotos seves a la premsa madrilenya. Són instantànies preses en el Parc dels Monstres de Bomarzo, als afores de Roma, i li serveixen per anunciar l'adquisició d'un palauet pròxim. Assegura que alternarà les estades a Bomarzo i Portlligat; però, com passa amb tantes declaracions seves, la profecia no es compleix.

Dues dècades després d'aquell fet, l'enderiament per una fortalesa reneix en l'ànim del surrealista. Però com que Gala és una dona d'edat avançada, cal que l'emplaçament tingui un bon accés i no quedi gaire lluny de l'Empordà. Amb aquestes ordres ben presents, Puignau examinarà el castell tarragoní de Miravet, però aquest no reuneix les condicions proposades. Tot i que no n'hi ha constancia documental, els col·laboradors de l'artista també podrien haver temptejat, sense èxit, el castell de Quermançó, situat entre Vilajuïga i Garriguella. Dalí –així ho va confessar uns anys després– hauria volgut tancar-hi un rinoceront i que els turistes paguessin per veure'l.

La solució al dilema arriba de la mà del periodista Enric Sabater, que més endavant es convertiria en secretari del matrimoni. Sabater tenia llicència de pilot; això li permetia sobrevolar el territori i fer fotos aèries dels llocs amb possibilitats. Durant un d'aquests vols va descobrir un casalot medieval a Púbol, al Baix Empordà, i va mostrar-ne fotografies a la parella. Les instantànies van despertar l'interès de Gala i Dalí, que van decidir anar a fer-hi una ullada.

El castell de Púbol, resseguit per un jardí emmurallat, es trobava en un estat força ruïnós; malgrat això, l'artista es va entusiasmar amb la visita. Com recorda Emili Puignau, Dalí va dir: "Magnífic, és fantàstic; m'agrada, tan sols pel pati ja mereix comprar-lo. A més, he vist en la façana quelcom sublim: no solament està esquerdada, sinó que forma una rebava a l'esquerda que dóna la impressió que aquí hi ha hagut un cataclisme, un terratrèmol; que una part va aguantar ferma i l'altra es va desplomar. Per tant, això no s'ha de tocar. S'ha de deixar com està". Aquest consell se seguiria al peu de la lletra durant la seva restauració.

Una de les parets laterals de l'edifici estava enganxada a l'església de Sant Pere de Púbol, construïda com el castell a mitjans del segle XIV. El temple havia estat presidit pel Retaule de Sant Pere, considerat una de les fites de l'art gòtic català. Aquest retaule, obra del pintor Bernat Martorell, va sortir de Púbol l'any 1936, quan el Bisbat de Girona el va ocultar per preservar-lo dels estralls de la Guerra Civil. El dia que el castell passi a mans dels Dalí, el figuerenc intentarà recuperar la peça gòtica, amb la intenció no declarada d'incorporar-la al seu museu. Les converses amb el Bisbat, però, li deixaran clar que no té cap dret sobre el retaule.

Les negociacions per comprar la fortalesa van començar l'any 1969; la possessió incloïa un hort de regadiu, situat al pla de Púbol, una pineda i un camp de secà. Els Dalí van donar als amos del castell uns diners a compte, i van acordar pagar la resta quan els documents de la venda fossin a punt. Resolt el tràmit, la parella es va instal·lar un temps a París, però volia tenir l'edifici enllestit a la tornada. Puignau, que s'havia encarregat de les ampliacions successives de la casa de Port Lligat, va haver d'escometre la rehabilitació en un temps rècord: set mesos curts.

L'abril següent, quan els Dalí es van restablir a Cadaqués, el castell ja era a punt i van firmar les escriptures. Gala es va passar tot l'estiu molt ocupada fent visites als antiquaris per triar els mobles. Per la seva banda, el pintor preparava la decoració d'algunes parts del monument. Gala estava nerviosa davant la perspectiva d'estrenar la nova residència, però s'hauria d'esperar al 1971 per convertir-se en la seva mestressa. A pesar que Gala tirava a diari les cartes del tarot, els arcans no li van revelar mai el paper sinistre que el futur li reservava a la fortalesa.

El regne ocult de la musa

Gala acostumava a fer estades breus al castell de Púbol. En general s'hi allotjava els estius, en tongades que duraven de dues a tres setmanes. D'aquesta presència gairebé només se'n conserven les imatges preses pel fotògraf Marc Lacroix. A Gala li desagradava bastant ser retratada, però, poc després d'inaugurar la residència, Dalí la va obligar a acceptar una sessió. Aquell va ser el primer i l'últim reportatge professional que li farien allà a dins. Malgrat el recel de la dona cap a les càmeres, Lacroix va aconseguir que posés somrient i plàcida. Els ulls li brillen de satisfacció. Deixa entreveure que està orgullosa de la seva propietat.

Un cop instal·lada, Gala es va prendre molt seriosament el paper de mestressa del castell: tot s'havia de fer al seu gust i les portes només s'obrien per a qui ella volgués. Segons la llegenda, difosa pel mateix Dalí, aquesta ordre era vàlida fins i tot per al pintor, que havia de comunicar-li les seves visites amb anterioritat. L'artista, amb el seu humor habitual, deia que aquest pacte de no intrusió afalagava els seus sentiments masoquistes; ara bé, coneixent el caràcter impetuós de Dalí, cal suposar que si s'hagués volgut presentar allí de sobte, ni res ni ningú li ho haurien pogut impedir.

De qualsevol manera, el castell de Púbol és el revers de la casa de Port Lligat: està fet a la mida de Gala. Els seus murs nobles amb escuts de pedra, les finestres gòtiques i les cambres altes i espaioses lliguen molt bé amb el caràcter cantellut i aristocràtic de la russa. La llar transmet una sensació d'austeritat i recolliment, molt allunyada de la follia barroca que es desplega a la casa cadaquesenca. Emili Puignau recorda que l'artista proposava, gairebé a diari, idees delirants per embellir la fortalesa. Gala s'hi oposava amb contundència: "El castell és meu –li deia– i tu no t'hi has de ficar per res". Pot ser que per culpa d'aquesta reacció, sumada a l'atractiu que li despertava el futur Teatre-Museu, el pintor acabés perdent l'interès per Púbol i en deixés alguns aspectes inacabats. Almenys, aquesta és la sensació que dóna. La mà de Dalí, és cert, se'ns revela a través de diversos trompe-l'oeil, pintures a parets i sostres, el redisseny de cambres o la presència, gairebé inevitable, d'algun animal dissecat. Però la moderació i la mesura són la norma. El creador porta sempre el fre de mà posat.

Sense cap mena de dubte, el jardí que s'estén davant la casa és un dels llocs més dalinitzats de la finca. Es tracta d'un verger frondós i exuberant, atapeït de plàtans, xiprers, heures, moreres, baladres i arbustos, que transpira un aire romàntic i decadent. Les intervencions del pintor volien emular, a petita escala, el parc de Bomarzo que tant l'havia enlluernat. El caràcter lúdic de l'espai s'accentua amb diversos enganys òptics i la disposició laberíntica dels seus passadissos. Els corredors laterals i central s'endinsen entremaliats per la vegetació i condueixen, entre la boscúria, cap a elefants de ciment de potes esquifides.

Al fons del jardinet hi apareix una piscina extravagant, presidida per un temple d'aires hel·lènics. L'artista el va decorar amb dues cariàtides i una pica, on hi ha esculpit un nen que cavalca un peix. Aquestes peces de ceràmica provenien d'una casa figuerenca. Dalí havia quedat impressionat per elles durant la seva infantesa, i va fer mans i mànigues perquè els seus propietaris les hi venguessin. El conjunt es complementa amb un rap esgarrifós, de boca dentada, que serveix de brollador. A dreta i esquerra, hi trobem bustos acolorits de Richard Wagner, un dels músics preferits del pintor. L'amalgama d'influències ratifica el gust del seu creador pel kitsch i el grotesc. La suma de tants elements produeix una mena de bosquet encantat, un verger capritxós que fa pensar en Alícia i Lewis Carroll.

L'esclat vegetal d'aquest jardí misteriós té el seu reflex a dins del castell, en la pintura que decora el sostre de la Sala dels Escuts, l'elegant vestíbul del casalot. L'obra, molt més senzilla que altres murals dalinians, mostra unes orenetes en vol circular sobre un bosc ennuvolat. Parets i columnes daurades emergeixen dels núvols i culminen en una lluerna, per on presenciem una nit carregada d'elements fantàstics. Sota la claror de la lluna minvant –travessada per un núvol–, un estol de cavalls i dones angelicals davalla del cel, com si volgués donar una benvinguda apoteòsica als visitants que s'aventuren pels dominis de Gala.

La Sala dels Escuts és una de les cambres del palauet on trobem més intervencions del pintor. Al marge del sostre sumptuós, les parets exhibeixen escuts il·lustrats amb emblemes esotèrics. Però, sens dubte, el tret més impactant de la decoració és una porta falsa, pintada amb una precisió maníaca i hiperrealista, per donar la impressió que es pot travessar. El mobiliari adjacent es compon d'un altar, d'una cadira de bronze decorada amb culleres i un petit escenari, amb un dosser blau, anomenat El tron del marquès. El tron és una cadira de braços daurada, a la qual se li ha pintat al respatller la sortida del sol sobre el pla de Púbol. El seient està flanquejat per dues columnes daurades i dues lleones de fusta. Dalí va concebre aquesta escenografia l'any 1984, amb la intenció de rebre-hi assegut els periodistes. El nom del muntatge fa referència al títol nobiliari de Marquès de Dalí i de Púbol, que el Rei Joan Carles I li havia concedit dos anys abans.

Per que ningú no s'oblidi que aquesta és la casa de Gala, una representació d'ella, en forma d'àngel de rostre sever, custodia la porta que permet accedir a les seves estances privades. Si la travessem arribem a la Sala del Piano, que complia les funcions de sala d'estar. El nom prové del piano que acostumava a tocar Jeff Fendholt, protagonista del musical *Jesucrist Superstar* i convidat habitual del castell. Els cortinatges i els sofàs vermells contrasten amb la blancor impol·luta de les parets, decorades amb tapissos de grans dimensions.

La sala també mostra diversos originals de Dalí. El més remarcable és *El camí de Púbol (1971-1973)*: es tracta d'una de les comptades referències gràfiques a la residència de la seva dona. L'oli va ser un regal que l'autor li va fer el dia de la inauguració del castell i, per descomptat, Gala és la protagonista absoluta de la peça. La musa hi apareix per partida doble: d'esquenes al paisatge, vestida de mariner, i ondejant damunt l'estendard que emergeix de la fortalesa, situada a l'esquerra. Al mig de la plana de Púbol, s'hi alcen uns pollancres altíssims i s'hi perfila un cami estret, per on avancen un cavall i un pagès. El més interessant, però, succeeix a la llunyania, sobre els núvols: s'hi entreveuen les cúpules d'unes esglésies ortodoxes russes, com una al·lucinació produïda per la sortida del sol.

Aquesta imatge, potser no per casualitat, està situada en la zona de la cambra on hi trobem altres trucs visuals, com el trompe-l'oeil dels radiadors. Aquest va néixer arran de la molèstia que sentia Gala per la presència visual dels calefactors. Per dissimular-los, els van cobrir rera una planxa metàl·lica, però Dalí, amb un gest digne de Magritte, hi va pintar uns radiadors falsos. Si ens acostem a la tauleta circular amb potes d'estruç, hi descobrirem un altre joc: veurem el cavall dissecat que hi ha a la planta inferior, on avui hi ha la botiga del castell.

A l'altra banda de la cambra, entre el piano i una litografia de Sant Jordi i el drac, hi ha la porta de l'habitació privada de Gala. Aquesta dependència està decorada en tons blaus –les cortines, els sofàs, el baldaquí del llit–, complementaris dels reflexos daurats que brollen del canelobre i d'un mirall majestuós. Vora el capçal del llit hi ha una petita entrada, que mena a l'antiga cuina del castell. Gala va reconvertir aquest espai en un tocador, decorat amb rajoles andaluses i holandeses, amb què Dalí va voler homenatjar els seus mestres Velázquez i Vermeer de Delft. El tocador, on s'hi va habilitar un petit lavabo, era una peça molt important per a Gala. La cura pel seu físic va acabar esdevenint una petita obsessió, que la va dur a fer-se diverses operacions de cirurgia estètica.

Si creiem que Dalí era curós amb la seva imatge pública, en aquest aspecte la seva dona l'ultrapassava amb escreix. La millor manera de comprovar-ho és visitant les golfes del castell, on s'hi exposen diversos vestits que Gala va usar entre els anys quaranta i els setanta, amb els quals figura en alguns quadros. Les robes porten la firma de creadors de primera divisió, com Christian Dior, Pierre Cardin i Elizabeth Arden. La barretina que lluïa el pintor, acompanyada de la seva famosa camisa country de tons blavosos, són el contrapunt de l'elegància extremada de Gala. Quan el pintor usava aquest uniforme, més que un artista de renom semblava l'actor secundari d'una telesèrie ianqui.

El crepuscle del marquès

Gala va ser operada del fèmur el març de 1982. Després d'aquella intervenció va perdre la vitalitat, no volia menjar i s'anava esllanguint de mica en mica. Dalí, conscient del desenllaç inevitable, va sorprendre els seus col·laboradors demanant-los que, quan es morissin, Gala i ell havien de ser enterrats al soterrani del castell de Púbol. La petició va descol·locar força el seu entorn. Emili Puignau assegurava: "Sempre havíem cregut que, com que estava tan enamorat de Cadaqués, volia ser enterrat al cementiri del poble, on a més hi ha tota la seva família".

Gala ja havia manifestat vàries ocasions –fins i tot per escrit–, el seu desig de ser enterrada a Púbol, però Dalí sempre havia mantingut una relació una mica distant amb el castell; ara, en un tomb de 180 graus, preferia convertir el soterrani en la cripta del seu descans etern. El pintor volia una tomba de fossa doble, molt senzilla, separada per un envà. Els sepulcres es cobririen amb dues lloses, de pedra treballada, sense ornaments ni inscripcions. Les obres es van dur a terme amb urgència.

El soterrani del castell rebia el nom de Delme perquè, a l'Edat Mitjana, els pagesos dels voltants hi acudien per pagar impostos als senyors feudals. Quan els Dalí van comprar la fortalesa, hi havia unes tines a la sala perquè feia funcions de celler. Com que Gala no pensava usar-la, la seva rehabilitació no es va convertir en prioritària. Però aquell espai va atraure Dalí i va dissenyar un passamà per l'escala del soterrani. Aquest passamà no es va arribar a materialitzar, però el que va mig reeixir, en canvi, va ser la transformació del terra en un tauler d'escacs gegantí, en homenatge a Marcel Duchamp. Avui, les rajoles tenyides de negre ja s'han descolorit, però dos caps de cavall, un tors atlètic i una girafa dissecada, rere les tombes, evoquen aquella idea.

El 10 de juny de 1982 va ser un dia trist. La mort de Gala va esdevenir mentre la parella es trobava a Portlligat. El cadillac del pintor va servir d'ambulània improvisada: el xòfer dels Dalí, Artur Caminada, una infermera van transportar el cos exànime fins Baix Empordà. L'artista va arribar al castell en el egon viatge, acompanyat de l'oli *Els Tres Enigmes loriosos de Gala,* conclòs unes setmanes abans, i na foto d'Helena Diakonova amb els Reis d'Espaya. Dalí va fer embalsamar el cos de la seva espoa, per tal que resistís el pas dels anys, i en acabat a van amortallar amb el seu vestit vermell de Dior. 'enterrament es va celebrar el dia següent, en una erimònia privada, molt breu i emotiva. Des d'alesores, una creu senzilla marca la tomba on descansa a qui va ser musa, companya, mare, dona, mànager administradora del més arrauxat dels surrealistes. oc després del sepeli, Dalí va prendre la decisió l'instal·lar-se al castell. La casa de Portlligat li resulava dolorosa perquè contenia massa records. Mai nés no va ser capaç de tornar-hi.

Durant els primers mesos a Púbol, Dalí va dur a erme una activitat mínima. Feia petits passejos pel ardí i pintava algunes obres. El menjador de la primera planta, comunicat per un extrem amb la Sala lels Escuts, va passar a ser el nou taller del figuerenc. L'artista pintava a la vora d'una llar de foc molt original, dissenyada per ell: la curvatura doble le la seva llinda, segons deia, s'inspirava en la forma d'una gota d'aigua abans de trencar-se.

Degut a les impossibilitats físiques que patia, Dalí era assistit en aquests treballs creatius per algun dels seus ajudants habituals. Com que li agradava pintar amb lectures de rerefons, alguna infermera, de vegades, li llegia textos de René Thom. Precisament, l'últim oli que va crear, titulat *Cua d'oreneta,* era un homenatge a les discontinuïtats matemàtiques descobertes per Thom. La peça va estar a punt l'abril de 1983 i Dalí es va fotografiar amb ell, vestint una túnica blanca i una gorra d'astracan. Després d'aquell quadre, senzill però al·legòric, el figuerenc va penjar els pinzells i la paleta per sempre.

Avui, un cavallet, situat vora els finestrals de la terrassa, ens recorda aquests últims esclats d'energia pictòrica. Al davant hi ha una butaca, coberta amb una funda blanca. La roba conserva algunes rastres i taques de pintura, perquè Dalí hi netejava els pinzells per no haver-se de moure. Antoni Pitxot, amic i confident seu, va presenciar moltes d'aquelles sessions: "Dalí sempre pintava assegut. Ho feia amb la sala en penombra. Dalí no necessitava la llum plena que necessitem els pintors corrents. La llum era al seu cap. No li calien ni llum ni models". L'únic far que l'il·luminava en aquells moments era un bust de Gala, coronat per una gota de llet.

Amb el pas dels dies, una tristesa ineluctable es va anar ensenyorint de l'artista fins que va caure en un estat de depressió agut. De mica en mica se li van accentuar les manies: es negava a veure el sol i a sortir del castell, per fer-se exàmens mèdics. Tampoc no volia rebre visites. El problema més greu, potser, era la seva tossuderia a l'hora de menjar. Aconseguir que Dalí volgués tastar un plat, era una proesa formidable.

Per estimular-li la gana, els seus col·laboradors li duien menús de l'acreditat Hotel Empordà, de Figueres, els amics íntims li portaven garotes de Cadaqués, i, en un acte extrem, s'havia demanat una terrina de paté, a un prestigiós restaurant de París. Però tot era inútil: no volia menjar res; gairebé només accedia a prendre els sorbets de menta que li preparaven a l'Hotel figuerenc. A causa del seu comportament rebec, a mesura que la malaltia se li accentuava, Dalí es va convertir en un malson per al seu cercle i les infermeres que el custodiaven.

Aquesta situació tan caòtica es va acabar amb brusquedat el 30 d'agost de 1984, quan Dalí va provocar un incendi accidental. El pintor descansava sempre a l'antiga habitació de Gala. Per estar en contacte amb el servei, el seu llit disposava d'un interruptor manual que accionava un timbre acústic. L'artista el pitjava amb una constància obsessiva, monomaníaca. Però cada cop que el premia, a dins hi centellejaven guspires elèctriques. Aquella matinada, una de les guspires va prendre sobre els llençols i, en qüestió de segons, la cambra es va emplenar de fum. Dalí va ser rescatat del foc, mentre s'avisava els bombers i els metges.

L'habitació va quedar destruïda per l'incendi, però l'artista semblava il·lès. Aparentment només havia sofert cremades lleus, però, al cap de vint-i-quatre hores, es va veure que era convenient ingressar-lo en un hospital. El pintor va accedir-hi, però va posar la condició de fer una visita immediata als treballs d'ampliació de la Torre Galatea. El seu entorn hi va estar d'acord i Dalí hi va ser conduït, on va donar el vist-i-plau a les obres que connectaven el Teatre-Museu amb l'antiga mansió.

Dalí ja no tornaria a veure el castell de Púbol. Quan va rebre l'alta mèdica, el 17 d'octubre, el seu cadillac es va aturar a Figueres i l'artista es va instal·lar a les dependències de la Torre Galatea. Aquell va ser el seu últim domicili, on va romandre en un esta d'aïllament voluntari fins la data de la seva mort, 23 de gener de 1989.

La decisió d'anar a viure a l'antiga Casa Gorg l'havia anat madurant mentre era a Púbol. Dalí ma no havia deixat de pensar en l'ampliació del Teatre Museu i, malgrat la llunyania física, havia decidit el detalls fonamentals de la seva decoració externa: de del color vermellós de la façana al groc dels pans d crostons, passant per la disposició dels ous a la teu lada. Des del seu retir provisional al Baix Empordà l'artista havia anunciat a la premsa que la Torre Galatea seria un monument únic: contindria les rel quies secretes del viatge dels argonautes, guardade per la inscripció "Prohibida l'entrada a tots aquell que no siguin herois".

El seu retir figuerenc va ser un gest molt aprecia pels seus conciutadans. Tothom era conscient que Dalí, l'heroi imbatut de l'art contemporani, havia volgut que aquell edifici fos l'escenari de la seva dar rera metamorfosi, la més important de totes: el seu renaixement immortal en forma de mite i llegenda.

GALA DALI
vous attend
au Château de Púbol
le
à partir de
Carta de Amor
Al dirigir a ti, este escrito
quisiera yo expresar en él,
todo el dictado de mi alma
junto a los latidos del corazón
que dicen: TE AMO, ¡vida mía!
De un amor inmenso y sublime
mi constante ilusión;
mi mente siempre estás;
mi corazón quiero
¡guardarte;
y la vida con-
¡sagrarte.
Así te adoro,
de mis sueños de oro,
nunca jamás
pienso vivir

Començament automàtic d'un retrat de Gala, 1932. Teatre-Museu Dalí, Figueres

Dalí, en la intimitat, anomenava "oliveta" a Gala. Per això va dibuixar-li als cabells la capçada d'una olivera, com si fos una Dafne empordanesa.

El Baix Empordà conté un paisatge dolç, corbat i suau que ha fet les delícies dels viatgers que recerquen el repòs i la tranquil·litat. El seu esplendorós passat, visible en els murs del castell de Foixà, es complementa amb una forta tradició agrària. Gala hi va trobar l'oasi de calma que havia perdut a Portlligat.

L'Àngelus arquitectònic de Millet, 1933
Museo Nacional Centro de Arte Reina Sofía, Madrid

Vista de Púbol, 1971. Casa-Museu Castell Gala Dalí, Púbol

CAN BOSCH

Els carrerets de Púbol conserven el sabor rústec que tant
li agradava a Dalí. La presència de Gala va suposar el retorn
del *glamour* aristocràtic als murs de l'antiga baronia.

"El castell de Púbol és magnífic, fantàstic. M'agrada. Tan sols pel pati ja mereix comprar-lo"

La temptació de Sant Antoni, 1946. Musées Royaux des Beaux-Arts de Belgique, Brussel·les

La fantasia de l'artista va reconvertir els jardins del casal en un joc laberíntic, ple de monstres, escultures i sorpreses visuals, a la manera del parc italià de Bomarzo. El recorregut acaba davant d'una piscina amb brollador, flanquejada per bustos acolorits de Richard Wagner.

8942
PRINCIPAUTE DE MONACO

"L'èxit d'un pintor, per a la gent del carrer, comença el dia que el pintor s'ha comprat un cotxe. Però, si a més d'un cotxe porta un xofer, amb bona pinta, i un lacai, encara millor. És la prova, per als de fora, que guanya molts més diners"

Automòbils vestits, 1941.
Teatre-Museu Dalí, Figueres

L'escalinata del castell ens porta a la Sala dels Escuts. El rebedor conté blasons heràldics, el tron daurat del pintor i un moble folrat amb roba blanca, que fa les funcions d'altar. Aquests símbols nobiliaris es completen amb enginyosos *trompe-l'oeil*, disposats a la paret i al sostre.

El camí de Púbol, 1971-73. Casa-Museu Castell Gala Dalí, Púbol

Tapissos i portes luxoses. Canelobres, sofàs d'un vermell esclatant
i potes d'estruç a la tauleta. La sala del piano era el lloc de descans de Gala.

"ANIRÉ AL CASTELL QUAN GALA EM DEIXI. PERQUÈ ÉS SEU I EL FARÀ SERVIR PER AÏLLAR-SE DE TOTHOM"

La ceràmica holandesa i les aixetes daurades contrasten amb la nuesa del lavabo.
La decoració del casalot és un diàleg constant entre les personalitats de Dalí i Gala.
El gust d'ella s'endevina en la delicadesa del tocador.

Gala era una melòmana i una devoradora de llibres.
A l'antiga biblioteca hi trobem proves d'aquestes aficions, a les quals cal afegir-hi jocs d'intel·ligència. Dalí va dissenyar un joc d'escacs en homenatge a Marcel Duchamp, al qual veia jugar partides inacabables al bar Melitón de Cadaqués.

PETROUCHKA
ELUARD
GÉRARD PHILIPE
KARAJAN
DECCA ESTEREO 2BB 109/11

El vermell encès, color de la passió desbocada, servia de tarja d'invitació als convidats al castell. Gala els triava amb una minuciositat digna d'un entomòleg. Els amics de la musa surrealista eren ben acollits a l'habitació vermella.

A les golfes de l'edifici hi trobem els vestits més selectes de Gala: robes enlluernadores de Christian Dior, Pierre Cardin i Elizabeth Arden. Dalí també va fer proves en el camp de l'alta costura, amb uns resultats espectaculars.

PICO-PLATA

Una cuina petita, però ben aprofitada. Gala i Dalí eren uns gastrònoms excel·lents, d'un gust exquisit. Però sempre es van mantenir apartats dels fogons.

Al soterrani del casal, a l'antic Delme, hi reposen les restes de Gala. El seu cos va ser enterrat sota la làpida de la dreta. La princesa que va venir de Rússia i el seu cavaller surreal, Salvador Dalí, ja formen part indissoluble de les gestes i les llegendes d'aquestes terres.

Bibliografia

Dalí, Anna Maria, *Noves imatges de Salvador Dalí,* Barcelona, Columna, 1988.
Dalí, Salvador, *L'alliberament dels dits,* Barcelona, Quaderns Crema, 1995.
Dalí, Salvador, *Un diari: 1919-1920: les meves impressions i records íntims,* Barcelona, Edicions 62, 1994.
Dalí, Salvador, *Diario de un genio,* Barcelona, Tusquets, 1998.
Dalí, Salvador, *Vida secreta de Salvador Dalí,* Figueres, DASA Edicions, 1981.
Gibson, Ian, *La vida excesiva de Salvador Dalí,* Barcelona, Empúries, 1998.
Giménez-Frontín, J.L., *Teatre-Museu Dalí,* Barcelona, Tusquets/Electa, 1994.
Mas, Ricard, *La vida pública de Salvador Dalí,* Barcelona, Ara Llibres, 2003.
Masanés, Cristina, *Lídia de Cadaqués,* Barcelona, Quaderns Crema, 2001.
Pitxot, Antonio / Aguer, Montse, *Casa-Museu Salvador Dalí Portlligat,* Barcelona, Escudo de Oro, 1998.
Pitxot, Antonio / Playà, Josep, *Casa-Museu Castell Gala Dalí, Púbol,* Barcelona, Escudo de Oro, 1998.
Pla, Josep / Dalí, Salvador, *Obres de museu,* Barcelona, Parsifal Edicions, 1997.
Playà, Josep, *Dalí de l'Empordà,* Barcelona, Editorial Labor, 1992.
Puignau, Emilio, *Vivències amb Salvador Dalí,* Barcelona, Editorial Juventud, 1995.
Rodríguez Aguilera, Cesáreo, *Dalí,* Barcelona, Edicions Nauta, 1985.
Romero, Luis, *Todo Dalí en un rostro,* Barcelona, Blume, 1975.